上に行く人が早くから徹底している仕事の習慣

UE NI IKU HITO GA
HAYAKU KARA TETTEI SHITEIRU
SHIGOTO NO SHUKAN

中尾ゆうすけ

YUUSUKE NAKAO

Subarusya

はじめに

上に行く人とここまでの人、評価の分かれ目とは？

私は長年人事という仕事に携わり、数多くの社員を見てきました。

人事と聞くと、従業員のキャリアを決める偉そうな部署といったイメージをもつ人も多いかもしれません。

たしかに、社員の評価やそれにともなう昇格・昇進などに関与してきて、悲喜こもごもの場面に遭遇してきました。なかには、納得できない評価に腹を立てて、人事部に悪態をつく人も数多くいます。

人事部の主な役割は、公平な評価制度や基準をつくり、みんなが安心して力を発揮できるようにすることなのですが、こうした想いは伝わりづらいものです。

みんな一生懸命働いている。そして、その頑張りが正しく評価されていないと感じている人が大多数なのでしょう。

こうした相互のギャップを埋めて、会社組織が社員一人ひとりをどのように評価しているのか伝えたい。

評価の別れ目を解き明かし、重要なポジションを任される人の思考、行動様式の共通原則を紹介しようと試みたのが本書です。

これから昇進していく若い人たち、中堅として膨大な業務をこなしている人たち、さらには管理者として人事に深く携わっている人たちに読んでほしいと願っています。

日々の仕事に打ち込むだけでは昇進は難しい

会社には、高い評価を得て「上に行く人」と、ずっと同じポジションに留まっている「ここまでの人」がいます。

その違いがどこから生じるのか、気づいている人はあまりいないかもしれません。

実際、大きなポテンシャルをもちながら、この違いに気づけないまま会社を去ってしまったり、定年を迎えてしまう人もいます。

そういう人は、がむしゃらに日々の仕事に打ち込んでいることが多いのですが、人事としての本音を明かせば、それだけでは上には行けないのです。

仕事は頑張って当たり前。

組織のなかで自分の存在を認知させ、人より多くのチャンスをつかむためには、成果プラスアルファのアピールも、時には必要になります。

仕事への取り組み方、考え方、成果を出すことの重要性、部下や後輩のマネジメント、上司や上層部とのつき合い方……。

抜擢する側の上層部は、何を見て人を引き上げているのか？

彼らの視界に「任せられる人物」として映るには何をすればいいのか？

本書ではこうした、他書ではなかなか明かされない真実にも斬り込んでいこうと考えています。ポイントがわかれば、「上に行く」ということが、思っているほど難しいことではないと気づいていただけると思います。

「管理職にならない」ことのリスクに気づこう

公益財団法人日本生産性本部による「2015年度新入社員秋の意識調査」によれば、管理職になりたいと答えた新入社員は27%、管理職になりたくないと答えた新入社員は73%という結果が出ています。

新入社員の7割が管理職になりたくないと回答しているわけです。

本調査において、管理職になりたくない理由の上位を、自由な時間がほしい、責任を負いたくないといったものが占めていることも明らかになっています。

しかし、私に言わせれば、**長年勤めている会社で同期の仲間や後輩が昇進していくなか、自分は取り残されてしまい、同じ仕事を繰り返していることが本当に幸せなのか**は疑問です。

会社側から見ても、そういう人材は扱いに困ります。

実績と経験を積み、年齢もかなり上になったとき、一体、誰がその人物を管理すればいいのでしょうか。年下の実績も浅いリーダーに、その人は本当について行こうと思えるのでしょうか。

私はそういうケースをいくつも見てきましたが、うまくいかないことも多いです。

厳しい言い方ですが、**結果的に多くの会社でリストラ候補として名が挙がってしまう**はずです。

選別はかなり早くから始まっている！

実のところ、昇進というのは、かなり早い段階から選別が始まっています。

競争から遅れていても、あとからいくらでも取り戻せるというものではありません。

「上に行くことなど望まないし、自分には関係ない」と思っていた人が、5年後、10年後、組織を率いて大きいことをしたいと願っても、**早い段階から戦略的に仕事をしてきた人との間についてしまった差を逆転するのは、大変な努力をともないます。**

自分の進路の幅を広げておく意味でも、「昇進」という選択肢を残しておくべきなのです。

本書は上に行くことを目指す人だけではなく、会社の評価基準を知り、自分のキャリアに活かすうえでも役立てるように工夫しています。

その点はご安心ください。

ただ、できれば、自分の可能性を決めつけず、素直な気持ちで本書と向き合ってほしいと思います。**上に立つことで、人の出会いが広がり、あなた自身が気づかなかった能力と出会えるかもしれません。**

本書に出会い、紐解いていただいたあなたが、自分が想像もしないような未来に出会えることを心から期待しております。

中尾ゆうすけ

上に行く人が早くから徹底している仕事の習慣　目次

第2章

当事者意識の差が成否を分ける

第3章 マネジメントの基本は気遣いにある

第4章 規律を乱さない意見の通し方

ブックデザイン

金澤浩二
(Fukidashi Inc)

第1章

上に行く人は周りがよく見えている

差がつくポイント 1

上に行く人は、全体の成果に貢献している
ここまでの人は、自分一人の成果に集中する

自分一人だけ高い成果を出していても、上には行けない。重要なのは、自分がいることで、周りにどれだけプラスの効果を与えられるかだ。

成果の「出し方」が見られている

会社では、年間の経営計画に基づいて月次計画が決定されます。

そして、月ごとに達成すべき目標は各部署に落とし込まれます。

製造部、営業部、広報部など、各部署に通達された目標は、部門長のもとで各課へと割り振られ、最後に個人の目標が決定されます。

上に行く人は早い段階から、こうした組織の論理をよく理解し、意識しながら行動しています。

個々の社員が自分の目標を達成することはもちろん重要です。

しかし、まずは会社の計画ありきです。そこからどんどん落とし込まれていって、部長がもっとも重視する数字は部の目標数字、課長は課の数字です。

だから、自分の目標だけ達成できればいいというわけではなく、常に課の数字、部の数字、そして会社の数字まで視野を広げ、自分がなすべきことを考える――こうした習慣が早くから身についているのです。

上司の指示に素直に従い、周りが働きやすい雰囲気をつくってくれる。後輩の相談に乗ったり、ときには手厳しいアドバイスもする。精神的なケアも忘れない。努力をする姿勢を忘れず、どんな仕事にも手を抜かない。いつも丁寧に仕事をするので、お客様や周囲から頼られる。

こうした働き方は、自分の成果だけではなく、組織全体に目を配り、貢献しようという視点がなければできません。

上司、同僚、そして後輩たちも、こうした「成果の出し方」までしっかりと見ています。見ていないようで見ています。そして、将来、誰がリーダーになって組織をまとめていくのか、実に早い段階から選別を行っているのです。

抜群の能力があっても昇進できるかは別

純粋に個人の成績のみを比較した場合、実務能力で100点の人よりも、たとえ実務能力が70点だったとしても組織への貢献度が高い人のほうが評価されやすいです。
抜群の結果を出している人が、「そこそこの昇進で終わり」というケースが多いのはこのためです。

上の地位になればなるほど業務の範囲は広がっていきます。いつまでも自分の業務に留まって、仕事をしていられるわけではありません。

部下が配属されれば、業務の指示、チェックといったマネジメント業務が加わります。部下の業務が基準に満たない場合は、自分の時間を削り、代わりに行うケースも出てくるでしょう。もちろん、自分の業務は別にあります。

課長、部長と地位が上がっていくごとに、組織内の課題を自ら発見し、新たな業務の開拓も行っていく必要があります。それにともなう人員の配置、育成、組織体制の確立も上の人の仕事です。

昇進させるということは、将来的にそういう職務を任せることが前提です。

したがって、どんなに成果を出したとしても、「自分で決めた範囲外のことをやらない」という人を、会社は評価しないのです。

こうした人が、組織のために献身的に働いたり、新たな課題を見つけて組織を活性化させることは「とうてい無理」と判断します。

求められるのは「組織の利益を、より大きくできる人」

会社には、同じくらいの実力の人が多数集まっています。

一人だけが飛び抜けているというケースはそれほど多くないですし、著しく劣る人たちが集まることもありません。

常時70点以上の成果を上げていれば、集団内でそれほど大きな差はつかないのです。

それに対して、組織になったときに生まれる成果は、リーダー次第でかなり大きくすることができます（適性がない人が上に行くと、組織そのものが崩壊するケースもあります）。

だからこそ、会社は「組織の利益を、より大きくできる人」を評価します。

これが、上に行く人の条件なのです。

もしあなたが、自分は一握りの天才ではないと感じていたとしても、そこに劣等感を抱く必要はありません。

単純な個人の成果競争で、すべてが決まるわけではないからです。

会社にとって有能な人材、組織が認める人材の質は、もっと幅広い視点で評価されています。

こうした事実を、できるだけ早い段階でしっかりと認識していれば、業務の取り組み方にも大きな変化が現れてくるはずです。

差がつくポイント 2

上に行く人は、力不足を認めて頭を下げる

ここまでの人は、行動しないことで保身を図る

「責任をとりたくない」という気持ちは、普段の振る舞いから見抜かれている。失敗することよりはるかに評価を下げているのだ。

失敗したとき、どう振る舞うか

成果の出し方も重要ですが、周りは「成果が出なかったときの対応」も見ています。

論外なのは、自分で責任をとろうとせず、周りにその責任を転嫁する人です。

上手くいかなかったときに、「お客様が間違ったオーダーをした」「上司が的確な指示をしてくれなかった」などと言い訳を並べ立てる人はときどき見受けられます。

しかし、これはまったくの逆効果です。

自分の評価を下げたくないためにとってしまった行動かもしれませんが、周りの人は「こういう人が上に行ったら、どんなトラブルが起きるかわからない。それに、また誰かに責任を押しつけるかも」と不安に感じてしまいます。

仕事が上手くいかないことは誰にでもあることです。むしろ、真剣に仕事にとり組み、チャレンジしていれば、失敗する機会もそれなりに増えます。

ですから、普通は社員が失敗したからといって、失敗自体に目くじらを立てて怒られることはあまりありません（本人の注意不足、甘い自己管理、怠惰によって生じる業務ミスは別です）。

上手くいかなかったとき、失敗したときに問われているのは、その経験から学んで、次の成果につなげることです。

求められるのは、なぜ上手くいかなかったのか、自分の見通しのどこが甘かったのか、その原因を見つけ出し、同じ失敗を繰り返さないことです。

けれども、**失敗を自分の責任ととらえない人は、自分が改善すべき問題点にずっとたどりつけません。**自分は悪くないと思っているので反省すべき点を自覚できないのです。

その結果、業務態度も改まらないし、同じ失敗を繰り返しがちになります。

これでは、たまたま上手くいく、今度は上手くいかないを繰り返し、継続的に成果を出していくことが難しくなってしまいます。

控えめすぎる人は上に行けない！

評価が低くなりやすいという点では、〝控えめすぎる人〟にも同じことが言えます。

自己肯定感が低いのか、失敗したときには「すみません」と何度も頭を下げ、みんながやりたがらない仕事はこの人がやるものだと思われていたり、会議でもあまり自分からは意見を言わないといった、自己主張が少ない人です。

本来なら上司がしっかり見ていて、この人の実力や貢献度を評価しなければならないのですが、部下が何人かいると目につきにくくなります。

それに、損な役回りに徹してくれる人は都合がいいので、なんならずっとそのままでいてもらいたいと思われかねません。

周りからするとありがたい存在ですが、こうした人たちが「どこまで成長するのか」、さらには「上に行けるのか」と問われると、疑問符がつきます。

一概には言えませんが、控えめすぎる人には「言われた通りやっていれば文句を言われない」「余計なことに手出しをして責任をとりたくない」という心理が働いているように思われます。

これは、自己成長という観点から言うと、とても大きなマイナスです。**文句を言われないことを基準に仕事をしていると、どうしても経験の幅が狭くなるからです。**

入社して数年、日が浅いうちにはそれほど大きな問題は起きないでしょう。しかし、業務範囲が拡大していくにつれ、「なぜ、こんなことができないのか」と指摘される場面が増えていくことが予測されます。

やるべきことを粛々とやっていれば、自己主張しなくても認めてもらえるというのは、非常に危うい考え方です。積極的に成長しようとする意欲がない人は、部署やチームに貢献していても、なかなか上には行けません。

自己中心的なやり方は見抜かれている

その他にも周りから評価されない行動例をいくつか挙げます。

「批評家となり、他人の仕事に口を出すが、自分では動かない」
「仕事の基準を〝これぐらいでいいだろう〟と自己判断し、中途半端で終わる」
「その日のモチベーションによって、仕事に取り組む態度にムラがある」
「自分がすべき仕事と、面倒でやりたくない仕事を勝手に決める」

少し極端な例かもしれませんが、組織のいたるところで見かけませんか。

こうした自己中心的な人は、数年たっても成長が見られない場合には、適当な理由をつけて会社の中心付近からは外されがちです（結果を求められないマニュアル的な業務に移行していくことが多いようです）。

こういう人が年齢を重ねて発言力をもち始めると、他の社員の負担になるからです。

なかには、高い業務遂行能力をもった人たちもいるので、本当にもったいないことだと思います。


上に行くのは、いずれ「組織の改善」という大きな役割を任せられる人です。

したがって、目の前の仕事すらまともに見直しできない人は、当然評価されにくくなります。

短期的な成果にとらわれず、中長期的な視点で成長を考えていくことが求められるのです。

差がつくポイント 3

上に行く人は、周りとスムーズに連携する
ここまでの人は、周りの動きを止めてしまう

会社は「組織の論理」を軸に回っている。まずは自分の持ち場を守ること、そのうえで自分の領域を拡大していくことが求められるのだ。

まず「組織の論理」を理解しよう

上に立つ人は会社の行動原理、組織の論理をよく理解しています。

しかし、そもそもなぜ会社は組織化するのでしょうか。

端的に言えば、目的は次の2つです。

- **統制と管理**
- **新たな価値創造**

組織化する目的のひとつは、統制、管理です。

組織を統括するリーダーのもと、トップダウンで指示を出し、業務工程を管理します。各ポジションに人員を配置し、リーダーの命令が一番下までスムーズに伝わるようにすることで、統制の取れた動きが可能になります。

それによって、業務のコントロール、効率化を図っていくわけです。

さらに、新たな価値の創造、という目的もあります。

組織化することで、メンバーのアイデア、創意工夫を活かし、情報やノウハウを共有して、より大きな成果を生み出しやすくなります。現場からのさまざまな提案を形にしていくことで、顧客ニーズを満たした新たな価値を生み出していけるのです。

業務の改善をしていくうえでも、現場の意見を取り入れ、集約していくことは非常に重要です。

「トップダウンで管理すること」と**「ボトムアップで改善し、お客様の要望に応えること」**は、一見、相矛盾するように見えますが、こうした複数の目的を達成するために組織化がなされているのです。

持ち場を守りながら、領域を広げていく

こうした組織を成り立たせる社員を部品にたとえて、「社員は組織の歯車のひとつ」という言い方をされることがあります。

「組織の歯車」とは、あまりよい表現ではありませんが、組織のもつ統制、管理という

上に行くために理解しておくこと

組織化する２つの理由

◎管理と統制

→トップダウンで指示を出し業務行程の管理、 効率化を図る

◎新しい価値創造

→ボトムアップで現場からの提案を形にする。アイデアを活かし、情報やノウハウを共有して、顧客ニーズを満たす

①一人ひとりが、組織がスムーズに運営されるように自分の役割を忠実にこなす

②そのうえで、スキルや問題意識を高めていく

上に行く準備が整う

「組織の論理」を理解すると、
仕事の優先順位が見えやすくなる！

側面からは、わかりやすい言い方だと思います。

時計はいくつもの歯車がそれぞれに役割をもっていて、ひとつの歯車だけでは時を刻むことはできません。

同様に、組織を構成するメンバー一人ひとりが役割を与えられています。

一握りのメンバーだけが頑張っても、限られた成果、少ない利益しか創出できません。場合によっては、歯車のどれかひとつが上手く回らなくなっただけで、すべての動きが止まってしまいます。そのときは、誰かがその役割を代替しなければ、組織全体のシステムが機能不全を起こしてしまいます。

なので、まずは、自分に与えられた役割を認識し、やるべきことに集中することが評価されるための大前提です。組織の論理を考えれば、これが最優先なのです。

ただし、与えられた役割を忠実にこなしているだけでは、残念ながら「ここまでの人」で終わってしまいます。

個々のスキル、能力、問題意識を高めなければ、組織においてのボトムアップの効果は生まれませんから、仕事の専門性を高め、周辺業務、専門外の業務も学び、成長を加速させていくことも求められます。

たとえば、チームでプレゼンを行う場合、リサーチ、データ分析、資料作成、プレゼン担当者……というように、それぞれに役割が分担され、業務の効率化を図っている組織も多いことでしょう。

自分がデータ分析の担当ならば、その道のエキスパートを目指すのはもちろん、マーケティングリサーチや資料作成の方法を教わったり、ヘルプに入ったりしながら、幅広く関わっていくことが大切です。全体と細部の構造が理解でき、業務で力点を置くべきポイントが明確になっていきます。

さらに、自社内に留まらず、ライバル会社の動向などにも目を向けることで、一層、成長が加速していきます。

役割を果たしながら、より広い範囲に目を向けて多くのことを吸収していくことが必要です。こういう視点で仕事に取り組む人が、リーダーになる準備ができていると考えられるのです。

差がつくポイント

4

上に行く人は、弱みを減らそうとする
ここまでの人は、強みに特化している

上に行くということは、より幅広い知識や経験が必要になるということ。「弱点が少ない」ことこそが大きな強みになるのだ。

いつでも「強み」を活かせるとは限らない

「自分の強みと弱みをお聞かせください」

よく就職面接で聞かれる定番質問です。

この質問の意図は、自分を客観的に見ているか、自己評価と他者評価にギャップがないかを確かめることなので、会社側も本人の答えを鵜呑みにすることはありません。

新卒の採用面接の場合には、いきなり自分の強みを活かす部署に配属されることは少ないですし、実際に業務を任せながら、どこに強みがあり、弱みがあるのかを観察されていると考えるのが正解です。

強みや弱みは、先天的に備えている資質もあれば、環境や経験を積みながら後天的に体得しているものもあります。

たとえば、入社して経理部に配属され、経理の専門性が高まるような場合は後者です。経験を積むことで業務のスキルがアップし、それが本人の強みとなります。

逆に、「もともと人と会って話すのが大好き」といった場合は前者になります。

こうした強みをもっている人を活かせるのは、営業や交渉の多い部署です。一人で黙々と実務を行わなければならない部署では、力を発揮できないかもしれません。

最近では、社員の成長を考えるとき「弱みを克服するよりは、強みを伸ばすべき」というのが大方の意見になっています。

会社もこうした観点から、なるべく適材適所を目指しているのですが、残念ながら、そこまで目が行き届かないことも多いのです。

どうしても優先するのは、穴をつくらず、穴を埋めること。結果的に、本人の強み・弱みを考慮しきれないまま、人員が足りないところに配置するということも起こります。

そうすると、「会社にとってのプラス」と「本人にとってのプラス」が一致しないケースも出てくるのです。

先ほどの経理の例で言えば、その人が数字に強く、むしろ経営管理や、財務管理に力を発揮するかもしれない。でも、新たに経理を行う人が入社しなければ、その人に新たなチャンスは生まれない。

こうしたケースは、どんな会社でも見受けられます。

本当にもったいないことですが、社員の強みを伸ばしてあげられる環境がいつでも整っているわけではありません。

新たなチャンスをつかみ、上に行くためには「強みを伸ばすことばかり考えていては不十分」なのです。

評価につながりやすいのは、じつは「弱み」のほう

実のところ、強みというのは、非常に判断しづらいです。

社交的で明るい、営業が大好きといった自己申告を信じたものの、営業数字はさっぱりといった例は、いたるところに転がっています。

対照的に、欠点は比較的わかりやすいです。

「できる」の基準はまちまちで、本人ができていると思っても評価者は満足しないことが多いのですが、「できない」ことは誰の目にもはっきりとわかります。

だから、「あいつは〇〇はできるけど××ができないからなぁ」というように、でき

ない部分に焦点が当たってしまうことが多いのです。

それに、たとえ環境が整っていたとしても、「強みを伸ばす」ことは成長の基本であり、誰でもやることです。それだけでは周りと差をつけることはできません。

そういうわけで、上に行くことを考えたときには、強みはキープしつつも、弱みも一通り克服しておくことが望ましいです。

まずは、以下の5点を明らかにしてみましょう。

- 今の仕事のなかで苦手なことは何か
- 自分の知識や能力だけでは困難なことは何か
- 上司の支援のおかげでできている仕事は何か
- 部下や同僚が担当していることで、自分が担当したことのない仕事は何か
- 将来活躍したい分野があれば、それに必要な能力や経験で自分にないものは何か

弱みとは「課題」であり、それをしっかりと認識しなければ、いつまでも克服することはできません。

「強み」に特化するのはリスク！

「弱み」を克服したほうがいい理由

◎「強み」はチャンスがあれば誰でも伸ばす

◎「強み」を伸ばせる環境がいつでも
整っているわけではない

◎「弱み」は端から見てわかりやすく、
あることで評価が下がりやすい

◎「弱み」を克服することは、評価者への
インパクトがあり、評価に結びつきやすい

◎上に行けば、得意とかではなく、広範囲の
仕事に責任をもつことが要求される

**弱みの克服は、チャンスが回ってきた
ときの「備え」となり、可能性が広がる！**

**「弱みより強みを伸ばす」という考えは、
上に行く人にはあてはまらない**

まずは自分の日常業務を中心にチェックしていきましょう。

自分のウィークポイントを突き詰めていくと、その仕事に求められる能力と、自分に不足している能力が明らかになります。

要求水準と、自分の能力・知識に差があるのであれば、それを埋めていけばいいのです。これを繰り返すと、今の職場における仕事では、エキスパートになれるでしょう。

「弱みは見えやすい」と言いましたが、**努力の末に弱みを克服すると、そのインパクトも大きいです。**今後同じような境遇に遭遇しても、きっと克服してくれるだろうと、その人への期待も高まります。

そもそも、上に行けば、自分の得意な領域だけに力を注げるような状況ではありません。仕事や責任の範囲は広がり、さまざまな仕事で指示を出したり、自分が率先して実行しなければならなくなります。

新たなポジションを与えるべきか、与えないほうがいいのか。新たな部署で仕事の幅を広げさせるべきか、今のままで異動させないほうがいいのか。

こうした判断をするときに、自分の課題に向き合い、それを一つひとつ克服していった過去が、何よりの実績として評価されます。

もちろん、弱みを克服したからといって、すぐに新たなチャレンジをさせてもらえるわけではありません。チームで仕事する以上、あなたの習熟度が上がったとしても、すぐに次のステップというわけにもいきません。

いざチャンスが回ってきたときに、「備え」ができていることがモノを言うということです。

強みを伸ばすことは成果の柱となり、弱みを克服することで可能性が広がります。

だからこそ、あえて「弱みを克服する」ことが欠かせないのです。

差がつくポイント

5

上に行く人は、上司の上司ともつながっている
ここまでの人は、直属の上司のみに依存している

会社のなかで無名の人が上に行くことは皆無に近い。実績をつくるのは当然として、直属の上司以外の人にも認められるように工夫しよう。

上層部の人に認知してもらうには？

上に行く人は、会社の上層部、いわゆる部長以上の幹部クラスの方たちからもウケがよいものです。私がこれまで見てきたなかで、幹部に嫌われている、もしくはあまりよく知られていない人が、上に行くケースはほぼ皆無です。

上に行くことを考えれば、直属の上司だけではなく、その上の上司とも、直接パイプをつくっておくに越したことはありません。

後で説明しますが、部門内の昇進や異動を判断するのは、多くの会社で部長の役割です。

組織において部長というのは、会社の規模にもよりますが、概ね十数名から50名程度の部下がいて、全員の顔と名前くらいは把握している階層です（部下の数が50人を超える場合は部を2つに分け、部長の上に本部長などがいるのが普通です）。

とはいえ、部長から見て顔と名前が一致しているだけでは、上に行く道のりは険しいです。

みんながワンフロアにいるような小さな組織なら、個人の頑張りも直接的に幹部に認めてもらえるでしょう。

しかし、そうでない場合は仕事ぶりを見てもらうのは難しいので、結果を出して自分の認知度を上げるしかありません。

普段の仕事で継続的に実績を出して、直属の上司に認めてもらうことが先決です。

部下の実績は直属の上司の評価になり、そこで初めて部下の名前が幹部の耳に届き始めるからです（逆に言えば、評価を直属の上司のみに依存している場合、直属の上司が手柄を独占するタイプだと遠回りになるのは否めません。だからこそ、自分が日ごろどのような貢献をしているのか、人に語れるだけのものを積み上げておくことが必須とも言えます）。

そのうえで、**部署横断的なプロジェクトに入れる機会があったら、何でもいいので立候補してメンバーに入れてもらう**ことです。

新しい試みは注目度も高いですし、場合によっては上層部の人と一緒に仕事ができる

上司の上司とパイプをつくる

上層部に「あまりよく知られていない人」、
「嫌われている人」が上に行くのは難しい！

上層部に知られる方法

◎継続的に実績を出して、
直属の上司の評価を上げる

◎部署横断的なプロジェクトに
立候補して加えてもらう

◎社内行事や宴席の場を活かす

やってはいけないこと

上層部の人に対して**「イエスマン」として振る舞うのは控える**ほうが無難。
周りの人だけでなく、直属の上司にまで不快に思われてしまう可能性が高い

**普段の仕事で実績を積み上げておき、
認知されるチャンスをねらおう**

かもしれません。そこで自分をアピールすることもできますし、「この人に任せれば安心だ」と信頼を勝ち取ることもできます。

信頼を得られれば、上層部の人から直接仕事を頼まれたり、仕事について尋ねられることも出てきます。そこで期待に応えていくことでパイプを太くできるのです。

〝イエスマン〟として振る舞わない

ただし、上層部の人と接するときに注意したいのが、イエスマンとして振る舞わないことです。

もちろん相手も人間ですから、もち上げられて悪い気分にはなりません。

しかし、それを見ている周囲の人は敏感に気づくものです。上層部に取り入ろうとする姿勢が見え隠れしている人には、必ず足を引っ張ろうとする力が働きます。

場合によっては、本来味方であるはずのあなたの直属の上司が「自分を差し置いて」などと感じてしまい、敵に回ってしまうこともあります。

上層部とパイプをつくるためとはいえ、直属の上司をないがしろにしてよいということではないので、ここは勘違いしてはいけないところです。

部下を評価するのは直属の上司であることを、肝に銘じておきましょう。


なお、社内行事や宴席などには積極的に参加しておくことをお勧めします。

イベントごとに協力的な姿勢は評価されますし、仕事以外の場で会社の人と話をする機会は思っている以上に貴重です。


とくに上層部の人に認めてもらうには、普通はある程度の実績が必要ですが、こういう場に限っては必ずしも仕事で結果を残せていなくても話ができます。

実は同郷だったとか、趣味が一緒だとか、そういうことで心理的な距離を縮めやすいのです。

差がつくポイント 6

上に行く人は、得るべきものはその場で得る
ここまでの人は、斜に構えてチャンスを逃す

どんなときも手を抜かず、多くのことを吸収しようとする人は成長が早い。目的のために最善の行動をとれるようになろう。

その場の目的のために全力を尽くせ！

少し話は変わりますが、社員の能力開発のための研修を入社5年目くらいの中堅社員に行うと、だいたい次の課長になる人がわかります。

何らかの課題に対する個人ワークのあとに、その個人のワークをそれぞれが発表してグループ討議を行うことが、研修のなかではよくあります。

このグループ討議を客観的に見ていると、上に行く人の特徴として、次のようなものがあります。

- ・そもそも発表内容が優れている
- ・人の話を丁寧によく聞く
- ・意見を言うときに「個人的にはこう思う」などの予防線を張らない
- ・他人の発表に対して、厳しい指摘を行うことに躊躇しないグループ討議というのは、メンバーのリーダーシップのレベルが現れやすいです。こういうものは瞬発力が必要なので、急に意見を求められても思いつかない人や、的外れなことを言って恥をかきたくないという人は、消極的になりがちです。途中から「1～2回発言したからもう義務は果たした」という態度になってしまう人もいます。

なかには、斜に構えて意見を言わない人もいます。斜に構えている人の特徴は、発表内容は優れている（つまり能力は高い）のに、他の人のぱっとしない発表になんの指摘もしない点です。なかなか議論に加わりません。

その点、上に行くだろうと予測される人は、与えられた時間のなかで、できる限り多くのものを吸収しようといい意味でギラギラしています。

「研修なんだからそこそこ参加しておけばいい」「わざわざ厳しいことを言って嫌われたくない」と考える人が多いなか、このタイプは言うべきことを言うことが、みんなのメリットになると考えます。

今が何をやるべきときなのか正確に認識し、絶対に目的からぶれません。

「上に行く人」は端から見ていてもわかる

私の経験では、このギラギラしているというのは、上に行く人によく見受けられる特徴です。

目的思考とでもいうのか、そのとき必要なことに集中し、そのために全力を尽くす姿勢があります。なんとなく受け身で生きてきたわけではない人たちです。

早い人は新入社員のころにはハッキリしており、そのなかから課長、部長と階段を上っていく人が現れます。

ただ、このギラギラが、5年後まで維持されている人は限られており、5年目の研修の段階ではだいたい半分くらいになっています。

単に自信過剰の人だった場合、身の程を知って他の従業員に埋もれてしまうのです(なかには、ずっと自信過剰のままの幸せな人もいます)。

一方、このギラギラが持続している人は、自然とリーダーシップをとり始めます。

端から見ていても、順当に上に行く人で、おそらく自分でも頭ひとつ抜けている自覚はあるはずです。

また、ごく少ないのですが、入社時点では受け身で線の細い印象だった人が、5年の間にこのギラギラを身につけてくることがあります。

そういう意味では、入社時点で差がついているから、もう上には行けないということでもありません。

根本的な意識の変化がいつ訪れるのか。

早ければ早いほど、上に行く可能性が拓けやすいのは確かでしょう。

そういう人には、上が期待してどんどん仕事を任せていくので、伸びるべきときに伸びることができるからです。

COLUMN

社員の異動、昇進、転勤はどうやって決まるのか？

「部長」の発案であることが多い

人事部というと、従業員の昇進や異動についてなんらかの権限をもっているように思う人もいるかもしれませんが、ほとんどの会社ではそのようなことはありません。

では、実際に人事権を握っているのは誰かといえば、普通はその部門の部長です。

通常、人事異動が発生するときは、部長から、

「○○課長の後任に××さんを昇進させたい」

「○○さんは、うちの部門の仕事には向いていないので、どこか人員が必要な部門を探してあげてほしい」

といった相談が人事部に入ってきます。

すると、人事部は該当する社員の実績や適性を確認したり、その人が向いていそうな部門を探したりします。

問題がなければ部長の意向通りに人が動いていくし、そうでなければ部長に再検討をお願いすることもあります。


昇進について少しリアルな話をすると、今のように縮小傾向の時代には、社内に小回りのきく新しい〝課〟ができることはあっても、新しい〝部〟ができることはめったにありません。

なので、部長が主に決定権を握っているのは、たまたまポストが空いたときの課長、あるいは新しくできる課の課長を誰にするかということです。

次の部長を考えるときは、ほぼ自分が辞めるときなので、影響力を発揮する機会は一度きりと言ってもいいでしょう（当然、経営層の意向も反映されやすくなります）。

たまに、新規事業などで〝課〟が成功した結果〝部〟に昇格することはありますが、その場合は課長がそのまま部長になりやすいです。

最初から成功時の部長昇進を約束したうえで、任せているケースもあります。

逆に失敗してしまうと、本人の知らないところで「本当は昇格候補だったんだけど、今回は外れてもらうか」という話になっていることもあります。

COLUMN

「将来を期待されての転勤」とは?

広域で営業を行っている会社では、「転勤」がカギになってくることもあります。

昔は、既存顧客のフォローなどのために、全国に2～3人程度の小さな営業所がたくさんありました。それだけたくさんの営業所長がいたわけで、とくに理由がなくても誰もが転勤をしていました。

しかし、今は営業所の数も減っているし、財政的にも厳しいので、「優秀じゃない人には転勤はさせたくない」という会社が多勢です。

もともと本社にいるような人を転勤させると、住宅の面倒を見たり、単身赴任手当や帰省旅費を負担したりと企業の金銭的な負担が大きいため、会社が期待値の大きな人を選ぶようになっているのです。

転勤を経験していない人は、必然的に昇格できないという会社もあります（ダイバーシティの観点から減少傾向ではあります)。

将来を期待されての転勤の場合は、地方の支店長などを任せて一国一城の主を経験させることが目的です。

勤務地は基本的に政令指定都市のどこかであり、問題でも起こさない限り戻ってくるときには一段上のポストが待っています。

年齢的には30代がもっとも多く、部長以上になることを期待されている場合は40代でいったん外に出されることもめずらしくありません。

これは、多くの会社で、30代半ばから課長になる人が出てくること、そして30代後半あたりで、部長、役員まで行けるかを期待され始めることと合致しています。

もちろん、出向などの片道切符の場合もありますし、企業の文化にもよりますから、絶対とは言えませんが、ひとつの目安にはなると思います。

第2章

当事者意識の差が成否を分ける

1

「できない」「わからない」を禁句にする

何年たっても成長しない人の共通点

上に行くことを考えるうえで、絶対に満たさなければならない要件のひとつに、**「自立しているか」**ということがあります。

自立とは、「自ら考え、行動できること」です。

上司にいちいち指示をしてもらわなくても、自ら必要なことを判断し、必要な資源を収集し、主体的に仕事を進めて結果を出すことができるか。

そのためには、一人で仕事を回していけるだけの経験と判断力を十分に培ってきているることが当然求められます。

ただ、それ以外にもうひとつ大事なことがあります。

それは、自立している人と、そうでない人は、そもそもマインドのあり方が違うということです。


自立している人は、「自分でやろう」「自分で考えよう」「自分で判断しよう」「自分で責任をとろう」と自分を主体に考えます。

「人に頼らない」「人の言いなりにならない」「人のせいにしない」「人にコントロールされない」という意思もあります。

こういう姿勢でいれば、必然的に自分の考えが明確になりますし、人に指示をする立場になりやすいと言えます。

一方で自立していない人は、その逆です。「誰かがやるだろう」「誰かの言う通りにしよう」「誰かが責任をとってくれるだろう」と他人を主体として考えます。

依存心が強く、「人に言われたことをやり」「人のせいにして」「人にコントロールされる」という状態に安住してしまっています。

自分のなかに考えが生まれないので、人に質問したり、指示を待ったりすることが多くなるのです。

会社の規模や仕事の内容にもよりますが、入社5年もたてば仕事も一通り覚えているころです。他人への依存を少しずつ減らしていかなくてはなりません。

その一歩は、失敗するリスクを負って自分の考えを周囲に伝えていくことです。

間違えることや困難なことに免疫をつけよう

では、そのために何をすればいいのか具体的に見ていきましょう。

①間違いを恐れずに自分の意見を言う

→自分で考える習慣と責任感が身についてきます。

②自分なりの答えを用意してから上司の判断を仰ぐ

→判断基準を自分のなかに蓄積していくことができます。

③逆境でも前向きに取り組む

↓困難な状況における経験値が高くなります。

④上司に頼んで一段上の仕事を任せてもらう

↓仕事の幅を広げるとともに、積極性が評価されます。

⑤言われたままではなく、背景を理解して仕事をする

↓真に求められる対応、アウトプットが可能になります。

⑥原因と結果の関係を分析し、「なぜ」を問い続ける

↓問題解決力がアップします。

上に行くということは、部下をもち、部下に指示をし、仕事を任せる立場になるということです。任せる立場の人間が、「できない」「わからない」「責任をもてない」と言って何もせず固まっていては、仕事が前に進みません。

上に行くにあたって、「自立しているか、依存しているか」を厳しく問われるのは当然です。

「依存している」と評価されれば、上に行くのは非常に難しくなるでしょう。

2

自己マネジメントはスケジュール管理から始める

通常業務であたふたしていては話にならない

自立した社員とは、自分自身をコントロールできる人とも言えます。

その土台になるのは、自分のスケジュールを長期的視野で管理していくことです。

新人のうちは、上司や先輩が仕事を細分化し、納期を細かく指示してくれたりもしますが、これから上を目指す人は今すぐにでも訓練を始めたほうがいいでしょう。

スケジュール管理がなぜ評価につながるのかと言えば、次の2点に集約されます。

・仕事には必ず納期があること

・仕事は一人で行っているわけではないこと

当たり前だと思うかもしれませんが、マネジメントを行う立場になれば、スケジュール管理は容易なことではないのです。

一日単位のスケジュールだけでなく、週間、月間、年間というように、先のことを含めた仕事の流れを常に把握していることが望まれます。

普通は上に行くほどスケジュールがタイトになっていきますので、管理職になる前から自己管理ができていなくては話になりません（上に行けば秘書がつくような会社ならいいですが、ほとんどの会社はそんなわけにはいきません）。

納期を守るには、納期から逆算して仕事のスケジュールを立てなければなりませんし、そのスケジュール通りに動けるように自分を律することも必要です。

自己管理が甘ければ、お客様や、上司、社内関係者などに迷惑をかけてしまうことになり、周りの人を気遣う余裕も生まれづらくなってしまいます。

いつもギリギリで仕事をしている人は、ぜひ仕事のやり方を見直していきましょう。

時間に余裕をつくる訓練をしよう

上司は、部下がどのような時間の使い方をしているのか、日ごろから見ているものです。次のような人は、「仕事を任せにくい」と評価されてしまいます。

①スケジュールが非公開の人

自力で仕事が回せるレベルの人に、細々したことを全部知らせろとは言いませんが、「いつ、どこで、何をやっているか」くらいは自発的に知らせましょう。そうでないと、上司は仕事を任せにくいし、普段の仕事ぶりを評価することもできません。

昨今ではスケジュールがＷｅｂで管理・共有される企業も多いので、そのようなツールを使って事前にわかる範囲で情報を公開しておけばよいと思います。

手帳での管理は、自分用のメモという位置づけでとらえておきましょう。

②スケジュールにまったく余裕がない人

「スケジュールが埋まっている＝仕事をしている」ように見えますが、これは危険です。新しいこと、突発的なこと、重要なことを任せにくい人と見えてしまいます。

他の人と同じくらいの仕事量なのにやたら忙しそうなのも、能力を疑問視されてしまいます。ムダな会議や外出・出張は今すぐ効率化しましょう。

③時間にルーズな人

納期厳守はもちろんですが、普段から会議や待ち合わせに遅れるなど、周囲に迷惑をかける人の評価は最悪です。こういう部下がいるせいで、上司が肩身の狭い思いをさせられることもありますので、早め早めの行動を心がけることです。

また、毎朝その日一日のスケジュールを確認し、帰宅する前に明日のスケジュールを確認することを習慣化することもお勧めします。

長期的なスケジュールを組んで、その通りに仕事ができる人は、仕事の全体像が見えており、自己マネジメント力が高いということです。

これらは上に行くときには必ず求められる能力なので、普段から鍛えておくことです。

3

長期計画を立てて はじめて上司の視点に立てる

経営資源を預かるとはどういうことか

PDCA（計画、実行、評価、改善）という言葉をご存じでしょう。

これは仕事の進め方のマネジメントサイクルのことで、仕事の基本中の基本です。

マネジメントとは、「成果を最大化するために、ヒト、モノ、カネ、情報などの経営資源をコントロールしていくこと」です。

当然、新入社員と中堅社員、管理職、それぞれに対して求められるレベルは違います。

新入社員がマネジメントするのは自分のことだけですが、最初の数年はそれでも大変だと感じる人が多いと思います。

中堅になれば、部下や後輩ができて、マネジメント範囲は広がっていきます。管理職になれば一定の権限が与えられ、マネジメント範囲はさらに広がります。**個々人に与えられた役割や責任が増えるごとに、マネジメントのレベルも上げていかなければなりません。**

そして、ＰＤＣＡのうち、階層が上になるほど重視しなければならないのが「Ｐ」。つまり計画です。

計画とは、納期を前提にスケジュールを立てることから、目標の設定、その方法案、想定されるリスク対策、細かい仕事の分担に至るまで、すべてを含みます。

計画があいまいだと、ＰＤＣＡの次のステップであるＤ、Ｃ、Ａが回らずに行き当たりばったりになってしまい、ムダな時間や作業が発生してしまいます。

とくに、人やお金などの資源をたくさん預かるようになったら、「全体像を把握しないまま、できそうなことからやる」という姿勢では、取り返しのつかない損失を出す可能性も出てきます。

したがって、**計画性の有無というのが、評価にダイレクトに結びつきやすい**のです。

より広範囲の計画に関わってレベルアップする

計画性は自分の仕事の領域内だけで培うことができますが、レベルアップのためには自分の仕事に留まらず、より広範囲の計画や、チームの全体の計画に関わっていくに越したことはありません。

仕事の全体的な計画、中長期の計画は管理職の役割なので、自分から「私に計画段階からやらせてください。わからないときは教えてください」と提案してみるといいと思います。

一定の実力がついていることが前提ですが、上司はあなたの提案を頼もしく思うはずです。普段から、自分一人のスケジュールさえコントロールできない人に、長期に渡る仕事は任せられません。

全体の計画を立てたら、次はより具体的にやることを決めていきます。

何をやるかや納期、それぞれの仕事にかかる時間の見積もりを書き出しましょう。

その後、重要度や制約事項を加味しながら優先順位をつけます。

こういうことは難易度は高いですが、やりがいもあるし、結果につながれば上に行く近道にもなります。

自分が立てた全体計画に従って、同僚や後輩がそれぞれの役割を果たしていくのですから、一段高い視点で仕事を理解することができるでしょう。

長期的かつ広範囲に渡る計画を立てるというのは、実際にやると結構大変です。

現時点ではあいまいにならざるを得ないことが多いなかで、予測を立て、何をしなければならないのかを判断する必要があるからです。

しかし、実際に自分でやってみることで上司が考えていることがわかったり、上司と共有できる部分も多くなります。

その結果、上司は安心してあなたに仕事を任せやすくなっていきます。

4

制約事項をいちいち言い訳にしない

イレギュラーなことはあって当たり前

上に行くためには、当然仕事で結果を出すことが必要です。

しかし、上に行く人が、挫折することもなく、常に高い成果を出しているのかと言えば、必ずしもそういうわけではありません。

手を尽くしてもできないことはありますし、想定外の事態が続いたりして、何をやっても上手くいかない時期があることも、めずらしい話ではありません。

上に行く人とここまでの人の違いは、何かイレギュラーなことが起きたときに、どういう対応をするかです。

なかなか上に行けない「ここまでの人」は、上手くいかないことがあると「あれがダメだったせいで……」などと言い訳をして、投げやりな態度を見せる傾向があります。もちろん、言い訳というのは受け取る側の感じ方で、本人は事実を言っているだけなのかもしれません。

しかし、どういう意図であれ、否定的な発言をすると思考が停止しやすくなります。安易な発言をすることで、関わる人たちのモチベーションも下がりますし、解決できるものも解決しづらくなります。

仕事が上手くいかない原因には、法律の改正や海外情勢による影響、事業環境の変化など、個人の努力では変化を抑えたり軌道修正が難しいこともあるでしょう。

だからといって、会社は、赤字になってもよいとか、社員の生活が不安定になってもよいとかいうわけにはいかないのです。

どんな状況でも、最低限の成果はもち帰れるようにやりくりしなければなりません。

「自分にとって想定外なだけでは？」と考えてみる

上に行く人は、制約事項のなかで、どうすれば結果が出せるかを考える人です。

事実、外的環境に変化が起きたとしても、損失を最低限に食い止めるなりして、結果を出す人はゼロではありません。

成果が出ないのは、必ずしも外的環境の変化だけが原因ではなく、その変化に自分が上手く対応できなかったという可能性もあるのです。

上に行く人は、正解のないところで行動することに慣れているので、「あそこにトラブルがあるからダメだ」などとは考えません。自分を中心に世界が回っているわけではないので、物事を進めるうえで制約事項があるのは当たり前だと思っています。

ですから、**自分の力ではどうにもできない制約事項を特定し、それ以外のところに自分の影響力を発揮しようと考えます。**

制約事項に対する考え方

個人の力ではどうにもできない
外的な環境の変化があったときにどうするか

◎ここまでの人の考え方

「あのトラブルのせいでもうダメだ……」

↓

- **思考が停止して解決策を考えられない**
- **関係者のモチベーションが下がる**

↓

解決できるものも解決できなくなる

◎上に行く人の考え方

- **問題を特定し、できることを考える**
- **先のことを予測して対策を検討する**

↓

マイナスの影響を減らし、
成果を確保する努力をする

トラブルや問題は当然起きるもの
として対策を考えていこう

また、上に行く人は、先のことを予測しています。

これから起こるかもしれないリスクを想定し、あらかじめ手を打ったり、対策を検討しています。**もし何かが起きたとしても、上に行く人にとっては多くのことが想定内で、そうでない人にとっては想定外の出来事ということです。**

想定外のことが起きたのではなく、単にその人にとって想定外だっただけと考えると、リスクへの準備が足りなかったという見方もできるわけです。

もちろん、リスクは100%想定できるものではありませんが、経験量を増やし、情報感度を上げていくことで精度を上げていくことはできます。

それによって、ちょっとした変化に気づき、先を見越した判断をすることができます。

さらに、仕事を進めるうえで出会う困難に対して、前向きに解決に取り組んでいくことで、過去の経験や、周りの人の経験を自分のノウハウとして蓄積していくことができます。投げやりにならずに、できることをやる姿勢が大事です。

5

自分なりに仮説を立てて行動する

「たたき台」の有無で結果が変わる

仕事においては、お客様のニーズを引き出すとか、従業員の意見を聞くといったことも大切です。

たとえば、「何か問題ありませんか?」といきなり漠然とした質問をしても、パソコンが壊れてしまって……といった目先の困難にぶつかっていない限り、相手は戸惑ってしまうでしょう。

なかには「とりあえずブレーンストーミングを」という人もいますが、毎回行き当たりばったりやっていては時間がいくらあっても足りません。

自分にも会社にもこれといった方針がなく、真っ白な状態から何かを開発する場合なら、制限なく意見を聞く意味があるかもしれませんが、そのようなケースは極めて限定的です。

目的に合った情報が入手できればいいのであって、関係ない情報はどんなに集めても役に立たないもののほうが多いはずです。

相手から意見を引き出すなど、何らかの要望を聞くときは、その目的を明確にしておくことが大切です。相手が求めるものと、自社が提供できるもので、まったく接点がなくては何もできないからです。

そこで、まずは自分で仮説を立てると、求める情報が手に入りやすくなります。

お客様を訪問するときも、「お客様にはこういう課題がある可能性が高い。その場合はこういう提案が役に立つかもしれない」という自分なりの仮説をぶつけてみるのです。

その仮説が当たっていれば自社に有利に話を進めることができますし、たとえ外れたとしても、そこから具体的に話を聞いていくことができます。

仮説がたたき台の役割を果たし、「うちが困っているのは、そっちじゃなくて……」

というように話が展開していきやすいのです。

ここから、違う角度で自社の製品が有効ではないかと探ることや、今後の製品開発への情報源となるかもしれません。

仮説の精度を高めるトレーニング

仮説を立てることは、仕事を計画的に進めることや、仕事の効率を上げることにとても効果があります。上に行く人は、相手に意見を聞く前に、こうした仮説を常に立てて物事を提案していきます。

ただし、仮説は、何でもよいわけではありません。その精度がどれだけ高いかでその人の能力は見極められると言ってもよいでしょう。

的外れな仮説を立てるのに時間をかけていては評価は上がりませんので、普段から仕事のなかで仮説を構築する訓練を行うことが大事です。

具体的には、次のようなことを意識するとよいでしょう。

①相手からの質問を想定しながら仮説を立てる

たとえば、何か提案するときには「〇〇をすることで、××という効果がある」のような仮説を立てると思います。その際、立てた仮説に対して相手からどんな質問が出てくるか想定しながら内容を詰めていくと、仮説の精度が上がります。

②専門知識や理論を自身の知識として蓄える

現場の状況を専門的知見から説明できると、仮説の精度は上がります。

③日々情報収集を怠らず、会社の状況や業界の状況、お客様の状況を把握する

現場の状況は変化するので、その変化を押さえることで、仮説の精度が上がります。

④仮説が正しかったか必ず検証する

仮説が間違っていたときは、どこに問題があったのかの検証が必要です。自分のなかの先入観や情報源の偏りなどに気づくことで、次の機会に活かすことができます。

仮説は、情報や知識に支えられているものであり、空想の産物ではありません。その精度が高いということは、それだけの学びや経験があることの証明と言えるのです。

6

論理的に考える力は、一刻も早く鍛え始めよう

上に行くほど高度な思考や伝え方が必要

「ロジカルシンキング」とか「論理的思考力」という言葉が一般的になって、ずいぶんたちます。

ただ、実際に仕事のなかで使ってみると話が理屈っぽくなったりして、上手くいかないと感じる方が多いのではないでしょうか。

論理的思考は、もちろんビジネスマンにとって重要なスキルです。

個々人の役割やポジションによって、使い道が多少変わってきますが、どこに行っても問われることは間違いありません。

論理的思考力は、主にどういう場面で使われるのかを見てみましょう。

たとえば、製品開発の仕事の方や、若手社員であれば、アイデアの発想に活用することが多いでしょう。とりとめのない知識や情報は、一度全部書き出してみて、

・整理して、体系立てる

・組み合わせたり、分解したり、関連づける

ということを行うと、新たな考えが生まれてきやすくなります。

営業職の方や中堅社員になってくると、お客様や職場の問題解決に活用することが多くなってきます。現場で見えてくる問題を深耕したり、原因と結果の関連性を明確にしたりすることで、具体的な対策を導き出すわけです。

管理職になれば、自ら組織の方針を立て、部下に説明し、人を動かすことが役割になってきます。

加えて、これまで以上に社内幹部への説明場面や、対外的な折衝場面も増えます。

論理的思考力を身につける

主にどんな場面で使われるのか？

◎若手社員、製品開発職など

→アイデアの発想に活用

◎中堅社員、営業職など

→お客様や職場の問題解決に活用

◎管理職

→説明・説得、対外的な折衝に活用

経験と勘に頼るときも、論理的思考は大事！
「なぜそれがいいと思えるのか？」を
言語化することで、理屈や法則が見えてくる

人を動かすには筋道を立てて説明する力が必要。「型」を使って鍛えよう

そういうときに「あの人の言っていることは、いまひとつわかりづらいんだよ」と思われてしまうと、印象で損してしまうこともあります。

立場が上になると、伝える内容そのものが複雑になったり、繊細な説明や駆け引きが必要になったりで、より高度な整理能力や伝え方が求められるようになるのです。

最初は「型」を活用すると身につきやすい

こうした論理的思考力は、仕事のなかで徐々に鍛えられていくもので、一朝一夕で身につくものではありません。

だから、日ごろから「考える」訓練を継続することが必要なのです。

物事を判断するときに、「考える」ことより、「経験と勘」を重視する人もいます。

しかし、経験と勘から方策を導き出すというのは、そこに言語化されていない理屈や法則があるからできることです。

その言語化されていない部分を明確に言葉にしなければ他人に伝わらず、せっかくの経験や勘が成果に結びつきづらくなってしまうのです。

論理的思考力の訓練段階では、次のような〝考える型〟を活用すると効果的です。

①問題に対して複数解を考え、どれがよいか、理由をつけて選択する
②「自分が逆の立場だったら」と視点を変えて考える
③原因から結果、あるいは結果から原因への筋道を考える
④モレやダブリがないことを意識しながら情報をまとめる
⑤あやふやなことに対して「それってどういうこと?」と深めて考える

このような型を使うと、筋道を立ててものを考えるようになるので、伝える、話すといった表現のほうもスッキリわかりやすいものになってきます。

筋道のない話では、物事を説明したり人を動かしたりできません。

ぜひ習慣化して自分のスキルとして身につけましょう。

7

「有言実行」でプロセスをオープンにしてしまう

退路を断つことで得られる評価がある

「有言実行」と「不言実行」という言葉がありますが、仕事を進めるうえでは「有言実行」であるほうが成果が出やすくなります。

多くの企業で導入されている目標管理制度なども、ある意味「有言実行」を制度化したものです。あらかじめ上司と目標をコミットメントし、その目標達成に向けて努力をするというやり方は、非常に効果的です。

もし、目標のコミットメントのないまま仕事を行えば、最低限の目標や、短期目線の成果ばかりで、長期目線での目標に向けた努力は後回しになっていくでしょう。

目標管理制度はあくまで一例ですが、「有言実行」の特徴は、計画から実行にいたるまでがオープンであるということです。

そのため、次のような観点で上司からの評価が高くなります。

①目標を宣言すれば、必然的に上司や周囲と情報共有することになるため、支援を得やすくなり、その分目標達成につながりやすくなる

②「上手くいかなそうなら、恥をかく前にこっそりやめてしまおう」というわけにはいかなくなるので退路は断たれる。その代わりに「責任感のある人」という評価を得やすくなる

③宣言すること自体が、自信の表れと受けとられるし、能力の高さや向上心の表れと感じてもらえる

実行のハードルを下げるための根拠の集め方

それでは、どのようにしたら、有言実行できるのでしょうか。

有言は上司などに伝えればいいとして、実行には「何をすればいいのか」「どうすればいいのか」という手がかりが必要です。

目標があっても、具体的な手順がわからなければどうしようもないので、周りの人やネットの情報などにあたってみるところから始まります（調べた結果、実行が難しいことが判明することもあるので、まずは情報を集めるのが合理的です）。

今やっている仕事の延長線上で行動量を増やすことが重要な場合は、効率を高める計画や戦略を立てていかなければなりません。

こうした準備段階でフェードアウトする人もいますが、周囲への報告を怠っていると「口だけの人」と思われてしまうので気をつけましょう。

また、実行プロセスのなかでは、いろいろと細かな決断をしなければならないこともありますが、自分の判断が正しいと確信をもてないと行動にブレが出てきてしまいます。

判断に確信をもつには、判断の基準をもつことが必要です。基準があれば、自分が独りよがりになっているのではないかという不安は小さくなります。

まず、**普段の仕事のなかで蓄積されている判断基準に加え、最低限の「知識」を身につけておくこと**は必須です。業務範囲における関連法令や、業界のルール、自社の制度などを頭に入れておくと、物事の善し悪しなどを判断できます。

交渉ごとに行く際は、**上司の裁量の範囲であらかじめ〝譲歩の基準〟をもらっておく**と、その場で話を進めやすくなります。

わかりやすい例で言えば、「値引きについては定価の○％を限度とする」とか「粗利が○円を下回らないこと」といったような価格設定などはその一例です。

会社の「前例」を調べてみることも有効です。

何年も前の古い実績がそのまま通用することは少ないかもしれませんが、「そういうやり方をしていたのか」「そういうことをやってくれる業者があるのか」といった意外な発見があることもあります。

このように「判断基準になりそうな根拠を集める」ことを習慣づけていくと、有言実行のハードルはかなり下げられます。周りも納得して支援をしてくれるし、自分の実力を着実につけていくことができるでしょう。

8 変えていいものとダメなものを明確にする

改革を提案するときの注意点

「このままでは会社が回らなくなる！」「業界のスピードについていけない」といったときに、会社では「変革」とか「革新」といった言葉が使われるようになります。

これまでの延長線上にある改善では通用しない危機的状況において、抜本的な見直しが求められるのです。しかし、今まで会社が培ってきたものを無視して、何もかもそっくり変えてしまえばいいというのは短絡的です。

提案を行うときには、「変えてよいもの」と「変えてはいけないもの」をハッキリさせておくことがもっとも重要なのです。

以前、ある経営コンサルタントの方が次のようにお話をされました。

「変革とか革新というのは、まず、変えてはならないものを決めることなんです。**会社の理念やポリシーであったり大切にしていることがあれば、それを明確にしてください。あとは全部変えていい。**

それをきちんと管理者は部下に説明しなければ、部下は動けないんです。

それができない管理者が多いから、多くの組織で号令だけで終わって何も変わっていないということが起こるのです」

これは、私にとって、とてもわかりやすいアドバイスでした。

というのも、私が以前コンピューターの製品開発にかかわっていたときに、「60万円の原価の製品を30万円にする」という開発方針が立てられたことがあったからです。

はじめは誰もがムリだと思いましたが、そのプロジェクトのリーダーは、こう言いました。

「原価を半分にするためには、一人ひとりが受けもちの部分を半分の金額でつくることを目標にしてくれ。製品機能は落とすわけにはいかないが、大きさは機能に影響しなければ思い切って半分にしてかまわない」

こうして、

・変えてはならないこと（機能の高さ）
・変えてもよいこと（形状）

を明確に示した結果、さまざまなアイデアが出ました。

それまで使ったことのない材質の検討や、経験のなかった海外生産、これまでにない斬新なデザインによる部品点数削減やそれに伴う材料費の削減。

そして、機能や品質を落とさず、見事に原価を半分にし、成功したのです。

「やり方」「目標」は変わっていくもの

この考え方は、改革時に限らず、普段の仕事にも応用していくことができます。

平常時に、会社の理念や、組織の方針、仕事の目的やポリシーなどが変わることはめったにありません。

こうした基本的な部分はしっかり守り、その実現のためのやり方は状況に応じて随時変わっていくのが普通です。

上に行く人は、全体が見えている人です。ですから、会社や組織として何が大事で何がそれに付随することなのかを理解しています。

階層が上がって指示を出す立場になると、部下や後輩から「今回の指示は、この間言っていたことと全然違いますよね？　どうなっているんですか」と言われることもあるかもしれません。

そういうときにも、「なぜ変えるのか」「なぜ変えてもよいのか」という意図を明確に説明することで、相手の不信感を払拭できます。

やり方や目標値を変更する場合には、変えてもよいものとして、変える理由を伝えていきましょう。

組織の基本的な考え方や方針に沿わないことをしようとしている場合、それは自分が勝手に変えていいことではありません。「根本的なことがわかっていない」と思われて信頼をなくしかねないので注意が必要です。

自立したら、上司への報告を増やしたほうがいい理由

上司に不安や疑念を抱かせてはいけない

報連相というと、新入社員向けの仕事の基本だと思う人がいるかもしれません。

ＯＪＴでは、仕事が滞りなく進むように、チームの司令塔である上司に報告・連絡・相談を徹底し、情報を逐一渡すことをまずは教育されます。

しかし、入社５年もすれば、報連相の意味合いはずいぶん変わってきます。

それは仕事を回すためというより、上司との信頼関係の維持が目的になるからです。

新入社員の時点では、報告・連絡・相談のうち、圧倒的に「相談」の比重が高かった

はずです。はじめてのことや不安なことにぶつかるたびに上司に相談しますので、意図しなくても、上司は部下の仕事に関することは大半頭に入っています。

ところが、部下が自分で仕事を回しはじめると、上司に相談する機会はずいぶん減ってきます。上司にしてみれば、接触の機会が少なくなった部下に、「あいつは、何をやっているのだろう」と不安を感じるようになってきます。

「これを伝えなかったら、上司はどう思うか」を考えよう

そこで大事なのが、意図的に「報告」を増やしていくということです。

まず、「悪い報告」が遅れるのは絶対に避けたいところです。

トラブルの拡大につながりやすいというのもありますが、**怖いのは「ミスの隠蔽《いんぺい》」とみなされてしまうリスクがある**ことです。

「これくらいなら、自分で解決できる」と思っていても、問題が起きたときは念のため上司に伝えておくことで余計な疑いを抱かれずに済みます。

また、報告は部下の義務ですが、何を報告するかについては自己の裁量に任されてい

る部分が非常に大きいです。

なので、**ただ必要がないと思って伝えなかっただけのことでも、上司が「意図的に報告を怠っている」と判断する**こともあります。必要ではなくても、上司にとって知っていたいと思う情報もあるからです。

こういうことが何度かあると、上司が部下を監視しはじめる可能性があります。ひどくなると、何をするにも口を挟まれ、上司の考えを押しつけられ、行動を制限される、ということも起こりやすくなってきます。

上司としては、自分の知らないところで部下に好き勝手にされては心情的に面白くないし、あまり裁量を与えないほうが業務面でも安心できるからです。

こういう上司はたくさんいるわけではないですが、若手の社員が思っているほどには少なくありませんので、あまり刺激しないに越したことはありません。

報告というのは、上司にとってその情報が必要かどうかではなく、その情報を伝えなかったことで上司がどう思うかを基準に行うべきものと考えたほうがいいでしょう。

第3章

マネジメントの基本は気遣いにある

1

支持者を増やすには、信頼の貯金が不可欠

声のかけ方に〝おごり〟がないか？

あらゆる仕事は人と人とのかかわり合いのなかで行われます。

毎日パソコンに向かってプログラムを組んでいる人でも、上司や同僚、プロジェクトメンバー、お客様などとのコミュニケーションがまったくない人はいないでしょう。

上に行くとは、「関係者のなかでいかに支持を得られるか」ということと言い換えてもよいと思います。

自分がいることで仕事がスムーズに進む、それによって周囲から自分の存在感や重要性を認知してもらうことが必要なのです。

とはいえ、コミュニケーションに、特効薬というものはありません。
日々のちょっとしたこと、些細な気遣いの積み重ねが貯金となります。
もし、何か信用を裏切るようなことがあれば、その貯金は取り崩されてしまいます。
では、具体的に日々気をつけなければならないこととは何でしょうか。

・しっかり顔をあげて挨拶をする

新入社員でもない方に言うのは気が引けるのですが、きちんと顔を上げて挨拶することを徹底しましょう。下を向いていたり、面倒くさそうに斜に構えていては、周りに対して自分を閉ざしていると思われてしまいます。

管理職には求心力が求められるので、社会性がないとみなされるのは致命的です。

・声をかけるときは必ず名前で呼びかける

「おいっ」とか「ちょっと」ではなく、「〇〇さん、ちょっといいですか?」というように意識して名前を呼ぶことで、相手はあなたに認められていると感じます。

・立場が下の人にも丁寧に話す

会社のなかでは基本的に敬語であることが無難というか、望ましいです。

今は転職者がやってきたり、若い人が高い役職に就くこともめずらしくないので、出会ったときの年齢や社歴で上下関係を固定できなくなっています。

また、他人行儀にも見えますが、たとえ年下の人や後輩でも、相手を敬う気持ちをもって接するのとそうではないのとでは、相手の受け止め方が異なります。

こういう働きかけを日々積み重ねていくことで、相手はあなたに「肯定されている」と感じます。相手の信頼を得るための、言わば攻めのコミュニケーションです。

相手を否定しないことが信頼につながる

一方で、守りのコミュニケーションもあります。

相手にとって心地よくないことを言うときには、積極的に相手を肯定することはないでしょうが、「相手を否定しない」ことがとても大事です。

支持者を増やすための日常の習慣

◎しっかり顔をあげて挨拶をする

➡ 周りに対して自分を閉ざさない。
社会性がない人に管理職は任せられない

**◎声をかけるときは
必ず名前で呼びかける**

➡ きちんと名前を呼ばれることで
人は肯定されていると感じやすい

◎立場が下の人にも丁寧に話す

➡ 組織の上下関係は固定とは限らない。
他人行儀のようでも相手を敬おう

◎騒ぎ立てずに注意する

➡ 相手が「否定された」「恥をかかされた」
と思うような言い方はしない

**普段のコミュニケーションでは、
相手を「肯定する」ことを徹底する**

人は否定されると、自分を否定してきた人に対して苦手意識をもつようになるため、言い方には慎重になる必要があります。

・騒ぎ立てずに注意する

注意とは、相手の行動変化を促すコミュニケーションであり、自分の苛立ちをぶつけることではありません。相手が「恥をかかされた」と思うことがないように、場所を変えて伝えるなどの気遣いが必要なこともあります。

また、相手が後輩などであっても、大声で怒鳴りつけたり、相手の人格を攻撃するようなことをすると、不信感をもたれてしまいます。「負の感情を乗せずに、淡々と伝える」ことを心がけてください。

このような気遣いは、ちょっとしたことのように感じますが、受け取る側の印象はまったく違ってきます。「これくらい偉そうにしたって平気だろう」と軽く考えているとしたら、そのたびに貯金を取り崩しているのと同じです。

上に行く人は、貯金をするだけでなく、貯金を取り崩さないこともできる人なのです。

2 マネジメント力をアピールする方法

チームに、係長や主任がいなくなった！

上に行ったときに求められる能力はマネジメント力です。

もちろん実績がなければ、そもそも候補に名前があがることはありません。

そのうえで、多くの企業では課長昇進、部長昇進には昇進試験があり、その内容はマネジメント力のアセスメントである会社がほとんどです。

特別な試験を行わない会社でも、普段の言動からマネジメント力を評価しています。

近年、組織がフラット化して階層が減ってきたのに応じて、以前はどこの会社にもあった、係長とか、主任、チーフ、班長といった職位もまた減っています。

そのため、管理職になる前の段階で、一定数の部下をもつという経験ができづらくなっています。

みんながプレイヤーというなかでマネジメント力をアピールするのは、とても難しいことですが、それには次のような方法があります。

事実上の育成担当者になってしまおう

まず、もっとも身近な方法として、**新人の育成担当を引き受ける**ことです。

チーム内で特定の担当者を決めないような場合は、自分から積極的に面倒を見て、事実上の担当者になってしまうとよいでしょう。

仕事を教えるのと同時にその管理をすることになりますので、たとえ上司・部下の関係になくとも、先輩・後輩という関係のなかでマネジメント力を磨くことができます。

そのうえで部下の仕事に関することや育成状況などを上司に報告するようにすれば、上司はあなたのマネジメント力の成長具合を理解することができます。

その際に気をつけることは、「自分自身の仕事の効率が落ちることを覚悟する」「一人前に育てるまで見放さないことを決意をする」です。

相手は新入社員ですから、「何もできないのが当たり前」という前提で指導しなければイライラが募るばかりです。

一方で、自分自身の指導力やマネジメント力不足に対して、歯がゆい思いをするかもしれません。しかし、それはこれから身につけることですから、変なプライドをもたず、自分自身も勉強のつもりで努力することが大切です。

新入社員から無能な先輩と思われないよう、指導する側は、指導される側以上の努力が必要なのです。

新入社員や後輩がいないときは、**マネジメントに関する研修を受ける**ことです。社内の研修でもいいし、なければ自分で社外の研修を探してもよいでしょう。通信制の研修も知識をつける意味では非常に有効です。

そこで学んだことを上司に報告し、自分がマネジメント力向上に向けて努力していることをアピールしておきましょう。少なくとも、上司から「次を考えてあげるべき人」というふうに認識されやすくなります（もちろん、一定の実績があることが前提です）。

あとはできる範囲で学んだことを発揮していくことで、上司は研修の話と結びつけて評価しやすくなるはずです。

ただし、先輩がいる場合、あまり目立った行動は嫌がられる可能性もあります。

その先輩が上に行ける人なら、上司の頭には順番もあるでしょうから、その先輩を立てるか、それ以上を目指すかの二択になります。

その先輩が上に行ける人でない（と思われる）なら、いずれは追い越していかなければなりませんので、力をつけることに遠慮する必要はありません。

一定以上の成果を上げる人はたくさんいますので、マネジメント能力が高いと認められると、評価は一気に上がります。

会社は「積極的に打って出るとき」と「守りに入るとき」で、どういう人を昇進させるかは変えてきますが、**マネジメントに関して、なるべくリスクの少ない人を選ぶ**ということについては考慮しているのです。

COLUMN

飲み会の幹事をやるとマネジメントの力量がわかる

なぜ中堅社員が幹事をやるといいのか

たいていの会社では、いわゆる飲み会が少なからず行われます。

新年会や忘年会、歓送迎会などの定期的に行われるものや、花見や納涼祭などのように非公式ながら職場で慣例的に行われる行事のようなものです。

仕事が終わって「ちょっと行こうか?」という場合を除き、そこには必ず幹事という役割が存在します。

多くの会社では、新入社員や若手の役割とされていると思いますが、私の知るある企業では、あえて中堅社員にメイン幹事をさせ、若手数名に手伝わせるという方法をとっているという話を聞いたことがあります。

飲み会の幹事というのは、雑にやれば誰にでもできますが、本気でやれば管理職に求められる能力を高めるためのよい機会だというのです。

本気でやると、プロジェクトリーダー並みの手腕が必要

幹事は、まず参加者のスケジュールを調整しなければなりません。

職場の飲み会で日程や参加者の調整をするのは、ちょっとした規模の会議を設定するよりも難易度が高くなります。

毎回お店を変えるというルールにしておけば、予算や料理、スペースなど自社のニーズに合ったお店を開拓しなければなりません。

乾杯・挨拶の人選や事前の根回し、お店との交渉、お金の徴収に留まらず、余興などのイベントの企画・実施を取り仕切るところまで任せると、1回の飲み会でかなりのノウハウが蓄積できます。

飲み会における幹事の役割とは、ヒト、モノ、カネ、情報を自身の判断でコントロールし、手伝いをしてくれる人に指示をしながら、顧客満足（この場合は参加者）を実現するものです。

メイン幹事になると、そのワンチャンスで結果が求められ、責任を負わなければなりません。責任の重さが違うとはいえ、プロジェクトリーダー並みの能力が求められるのです。

私がその話を聞いた方によると、「仕事のできる人は、飲み会の幹事としての能力も非常に高く、飲み会の幹事ができないような人はよい仕事もできない」そうです。

飲み会の幹事でマネジメント力をつけるというのは、一見冗談のようですが、かなり納得のいく話ではあります。

もし部下も後輩もいない状態で、マネジメント経験をしてみたいと思ったら、飲み会の幹事に立候補して、自分を試してみるのもよいと思います。

3

後輩が声をかけやすい雰囲気をつくる

下の立場の人の期待を裏切らない

部下や後輩はあなたのことを評価する人でも、昇進の推薦をする権限もありません。

しかし、上に行くには、上からの評価だけではなく、下からの評価もあるに越したことはありません。

下からの評価というのは、360度評価のようなものではなく、日頃の言動においてあなたのことを信頼し、ついていこうと思われているかどうかが重要です。

チームでの仕事は部下が協力的でなければ成果が上がりにくいです。

また、「なぜあの人が?」と思われるような人を昇進させると、組織全体の士気に関わってきます。

上司が次に誰を昇進させるかと考えるときには、単にプレーヤーとしての能力が高いだけでなく、部下や後輩に信頼されているかどうかも大なり小なり考慮します。

そこで注意が必要なのが、なるべく部下や後輩の期待を裏切らないことです。

部下や後輩が上の立場の人に期待すること、それは「困ったときに助けてくれる」「悩みの相談に乗ってくれる」「責任をとってくれる」「失敗を許しフォローしてくれる」「育成してくれる」……といったことです。

その期待を裏切らないためには、「あなたのことをちゃんと見ていますよ」「いつでも力になりますよ」というメッセージを態度で伝え続ける必要があります。

「自分の仕事を中断して」向き合うことが大事

ただし、「なんでも相談して」と口先だけで言っても、それだけでは足りません。

実際は忙しくて人のことばかりかまっていられないことが多いですし、その結果、相談を受けても説教で返す、ダメ出しして終わりという人がしばしば見受けられます。

しかし、経験が浅い人は、おそるおそる手探りで仕事をしており、自分が何をわかっていないのかもわからず、うまく言語化できないことも多いのです。

相談といっても、本人がうまく話せているとは限らないので、後輩のとりとめのない話を聞いてあげて、どこに不安を感じているのか汲み取ってあげる必要がある場合もあります。

ですから、忙しくても相手と丁寧に対話する姿勢をつくっておくことが大事なのです。

もちろん自分から声をかける姿勢も必要ですが、ずっと後輩を見張っているわけにもいきません。普段から話しかけてもらいやすい雰囲気をつくっておけば、必要なときは自分がきちんと向き合えば話ができます。

逆に、後輩が話しかけにくい人の具体例を挙げると、次のようなものがあります。


「中尾さん、この書類、確認お願いします」

「(相手の顔も見ず、パソコンに向かって)わかった、そこに置いておいて」


これでは、本当にわかっているのか相手は不安になります。手を止めて相手の顔を見て返事をする。たった3秒程度の時間がつくれないだけで、人の心は離れてしまいます。

「中尾さん、ここのところよくわからないので教えてほしいのですが」

「人に頼らないで自分で勉強して（○○さんに聞いて）」

いつもこんな面倒くさそうな対応だと、人を育てることに興味がないということは、すぐに気づかれます。まったく頼りにならない人だと思われかねません。

「中尾さんちょと相談が……」

「（イライラしながら）あとにして！」

感情的で自分を制御できない人は、話しかけづらいし、理不尽で怖い存在です。立場が下の人にだけこういう態度を取る場合、度が過ぎると恨まれやすくなります。

「中尾さん、社長がお呼びです」

「わかったすぐ行く」

先の3つの例に当てはまっているような人が、上の立場の人に呼ばれたときだけ機敏に反応すると、下の立場の人たちはびっくりします。
「上に呼ばれたときはすごくいい顔するんですね、部下や後輩はどうでもいいんだね」とがっかりされてしまうでしょう。

上に行けば、必然的に部下からの相談ごとも増えますし、それによって自分の仕事を止めなければならないことも多いものです。

「自分の仕事を中断して相手に向き合う」ことができなければ、チームの機動力は落ちてしまいます。

立場が下の人だからといって軽く扱わない習慣をつけることで、支持者が増えていくのです。

4

部下や後輩のフォロー の仕方、見守り方

主導権を奪わないように注意する

部下や後輩といった人たちは、今後長期に渡ってあなたの支援者になる可能性がとても高いです。

ですので、仕事を通じてコミットしておくことはとても大事になってきます。

実際、上に行く人は、自分自身が成果を上げるのはもちろん、普段から部下や後輩にも成果を出させるようフォローをしているものです。

そこに何らかの意図があるとは限りませんが、**後輩の力になることが自分のマネジメント力の向上につながるのはもちろん、結果的に自分が上司という立場になったとき、**

支援してくれる部下が多いほど仕事がやりやすくなるのはたしかです。

部下や後輩をフォローするのに、もっとも手っ取り早いのは、自分が一緒になって部下の仕事を手伝うことです。

「手伝う」のですから、代わりにやるのとは違います。

主体はあくまで部下や後輩にあり、自分は黒子に徹するということです。

成果は部下や後輩にまるごと渡してしまいましょう。

ときどき、勝手に手伝っておいて「自分が手伝ったおかげだ」と主張する人がいますが、このような人には誰もついていこうとは思いません。

人が任された仕事の主導権は、あくまでその人にあるのです。

また、支援を行う際には、**部下や後輩が独り立ちできるように、気を配る**ことが必要です。

上司・部下の関係の場合には指揮命令権がありますから、部下がどう思っていようと強制的に動かすことは可能です。

しかし、強制的に動かせば反発も生みます。

「支援してやっているんだから言うことを聞け」とか「責任をとるのは俺だから、言われた通りにやれ」というような自立を阻害するような言い方をする人もいますが、それは「お前は俺の成果を出すための奴隷になれ」と言っているのと同じです。

目の前の成果ばかりを見ているとどうしても命令的になるので、部下や後輩の成長の度合いを見ながら口を出すようにする必要があります。

失敗させてよいのは謝って済むレベルまで

さらに、部下や後輩の仕事が上手くいくようにばかりではなく、失敗やミスがないように支援することも必要です。

こちらは、直接手伝うのとは違って、気づいたら教えてあげるという距離感です。

相手が、ある程度経験があって自力でこなせるのなら、余計なことはせずに見守っていれば十分でしょう。

そして、もしあなたが「上司」という立場の場合は、部下が失敗してしまったときは、ごたごたさせないで速やかに自分の責任として引き受けます。

「そんな理不尽な」と思うかもしれませんが、ここで我慢できずに責任逃れをすると、部下や後輩だけでなく、上の立場の人たちに対しても最悪の印象を与えます。

自分のチームの外の人に頭を下げるのは、上司のもっとも基本的な仕事です。

そんな事態にならないよう最善策を講じるのはもちろんですが、**「部下の失敗を、自分が責任をとれる範囲に収める」ことも実は重要な支援スキルなのです。**

こうしてフォローすることで、部下や後輩は確実に力をつけていきます。

いずれ独り立ちして、あなたの成果の一部を担ってくれることもあります。

直接の部下にならなくても、親しみを感じて長期に渡って支援してくれるでしょう。

5 言うべきことを言うための判断基準とは？

プラスとマイナスを考えて発言する

「空気を読む」という言葉をよく聞きますが、空気を読みすぎて言いたいことが言えないということはあるものです。

たとえば会議の場で、次のような場面に遭遇したことがないでしょうか。

「意見を言おうとしたら、直前で話の方向が変わってしまい、今さら言い出しにくい」

「自分の意見が少数派で、多数派の意見でまとまりかけているなかで切り出せない」

「会議の終了間際に新たなアイデアや問題点に気づいたが、時間が足りないからやめておこう」

こういう人はあとになって「やっぱり言っておくべきだった」と後悔したり、何か問題が起きたときに「私は本当は気づいていたんだ」などと言って、「なんでそのときに言わないんだよ！」とイライラされてしまいます。

一方で、空気を読まなければならない場面もあります。

上司のメンツをつぶしてしまうとか、お客様の気分を害しかねないような場面で、思ったことをズバズバ言うのはトラブルの元になりかねません。

そのような空気を感じたら、発言する前に一瞬立ち止まるべきです。

迷ったときに言うべきかどうかは、目的に対してプラスの作用とマイナスの作用のどちらが大きいかを比較して考えます。プラスが大きければ勇気を出して言ったほうがいいし、マイナスが大きければ控えたほうがよいでしょう。

同じくらいなら、マイナスの部分をフォローしつつ言うとか、別の場で言うという選

言うべきかどうかの判断のヒント

・途中で話の方向が変わって言いにくい
・自分が少数派だから意見が言いにくい
・みんな時間がなさそうだから言いにくい

↓

あとで問題が起きたら大変なので
その場で言っておくべき

・上司の面子をつぶすかもしれない
・お客様の気分を害すかもしれない

↓

すぐには口に出さないのが正解

プラスの影響とマイナスの影響のどちらが大きいかを考たうえで、プラスが大きければ、人を傷つけないように配慮して言う

言う場合と言わない場合で
結果がどう変わるかを考えよう

択もできます。

人をマネジメントするには、こういう判断をとっさにできることが大事なのです。

甘やかす人に、育成は任せられない

もし、自分に部下がいたり、後輩の指導を任されている場合には、この問題はより日常的になってきます。

最近では、「ほめて育てる」とか「職場のパワハラ問題」がクローズアップされているため、部下や後輩をしかることができない人が増えてきました。「ほめること」そのものは間違いではないと思いますし、それによって人が成長することも事実です。

しかし、言うべきときに必要なことを言えなければ、ただの甘やかしです。

甘やかされて育った人は、甘い環境でしか生きられず、厳しいビジネス環境に適応できないまま退職したり、職場のお荷物になってしまいます。

そうなると指導している人には「育成は任せられない人」というレッテルが張られてしまいます。人を育てる立場の人が嫌われることを恐れて言うべきことが言えないと、組織にとってはマイナスでしかないのです。

言うべきことを言うというのは、何も相手をしかりつけることではありません。

相手に何をしてほしいのかを正確に伝えることです。

うまい言い方がわからない人は、最初は「**クッション言葉＋依頼**」を意識しましょう。

一度相手を認めてから、こちらの希望を伝える言い方です。

「あなたのつくる資料は、いつもあいまいで意味がわからないよ」ではなく、「**仕事が早いのはいいけど、伝わりにくいから具体的に数値データを入れてください**」。

「頼んでいた資料、今日の15時までって言ってるのに、まだそれだけしか進んでないの」ではなく「**忙しいのはわかっているけど、15時厳守だから急いでください**」。

「こんなにミスばかりでは、みんなの足を引っ張ってるよ」ではなく「**頑張っているのは認めるんだけど、ミスがないか必ず見直しをすること**」。

言いづらいという理由で、要求に妥協をしていては、高い成果は出せないのです。

6

自分の評判を守るために普段から心がけること

批評の発信源にはならない

一般的に人は「評価されること」を嫌います。

ここでいう評価とは、ボーナスの評価や人事考課のような処遇につながるものではなく、日常の業務やコミュニケーションのなかにおける「批評」という意味です。

他人が自分の日頃の言動に対して、「○○さんは、こういう人である」というふうに、勝手なイメージをもってそれを発信することです。

もちろん、自分に都合のよい結果であれば多くの人はウェルカムでしょう。

しかし、会社のように多少なりとも利害関係のあるところでは、誰でもいつ自分が批判の対象にならないかと、ひやひやしながら周囲の顔色をうかがっているものです。

日常的に行われる批評は、「陰口」「噂話」といった形で、自分自身の知らないところで行われるケースのほうが圧倒的に多いからです。

自分の評判が傷ついていても、批評した人が責任をとってくれるわけではありません。それどころか、周りの人に先入観を植えつけられてしまい、知らないところでずっとダメ出しをされ続けてしまうこともあります。

実際、会社のなかでは、いろいろな噂が飛び交っていないでしょうか？

「○○さん、××さんと不倫してるっぽいんだよね。この間なんか……」

「○○さん離婚したんだって。まだ1年経ってないのに、あの性格じゃあね」

などという仕事と直接の関係はない話。

「○○さんが辞めたのは、××さんのパワハラが理由だよ。同じフロアだから見てたけど、ほとんどイジメだったからね」

「○○さん、先日××の件ですごい損失出したらしいよ。やっぱりあの人に任せたことが間違いだったんだよ」

というような、誰かの不始末に関する話も聞いたことがあると思います。

こういう話は、自然と耳に入る分には有益なこともありますが、自分自身は発信源にならないことが第一です。

仕事と関係ない話は聞き流し、事実として目の前で起きていることについては、注意が必要であれば、直接本人へ言うことでその場で収めることができます。

また、自分一人や、自分を含む数人しか知らないはずのことが、悪意のある噂になってしまったら、確実に疑われるし、後々恨まれることにもなりかねません。

「あいつはスピーカー」と言われるよりは、「どうも、そういう話にはうとくて……」というスタンスのほうが周りに安心感を与えます。

悪評に負けない信頼を積み上げておこう

問題は、自分が批評のターゲットになってしまう可能性もあることです。

この手の話は自分の知らないところで拡散するので、火消しはほぼ不可能です。

うすうす気づくことはあっても、「そんなのはデマです」「事実ではあるけど、そういう意図ではありません」と主張する機会はなかなかやってきません。

なので、日頃の言動を正しく行い、信頼される振る舞いを心がけましょう。**悪意のある批評をされても、否定してくれたり、よいほうに解釈してくれる味方をつくっておけば、あとは放っておけばいずれうやむやになります。**

批評とは怖いものです。本来は仕事と切り離して考えるべきですが、妙な噂が立って上に行けないということもあり得ます。

上に行く人は日常のコミュニケーションのなかでトラブルを起こさないよう、相手の尊厳を尊重・配慮することで、自分の味方を増やし、支援者を増やすのです。

上司から見て、仕事をしづらい部下になってはいけない

上司の悪口を言う人は上には行けない

会社のなかで上に行く人とそうでない人は、飲み屋に行くとすぐにわかります。

上に行く人は、上司とのコミュニケーションも良好で、話す内容も建設的です。

一方でそうでない人は、上司と離れた席に座って聞こえないように皮肉を言い、上司がいない飲み会では愚痴ばかりです。

私の経験上、上司の悪口を言って上に行った人を見たことがありません。

どの統計データにも表れてこない傾向でしょうが、自分の周囲を見回してみると納得がいくと思います。

このような話をすると、「なるほど、上司の近くに座って、ニコニコして好かれるようにゴマをすれってことですね」という勘違いをされる方がいます。

たしかに、組織では、上司にゴマのすれる人は上に行き、会社や組織に物申す人は上に行けないというふうに見えがちです。しかし、そういうことは実際には多くはありません（たまに起きてしまうので印象に残るのでしょう）。

普段の仕事へのとり組み姿勢やその人の人間性が、飲み屋では顕著に表れるだけなのです。

昇進には、上司から部下への信頼が反映される

上司も人間ですから、部下の好き嫌いはあります。

部下の昇進が上司の個人的な好き嫌いで決まるのは望ましくないですが、実力が同じなら、嫌いな部下より、好きな部下を昇進させるのは自然なことです。

それは好かれている部下がゴマをすっているというより、わざわざ嫌いな部下を選ぶ

理由がないというほうが近いと思います。

嫌われる部下とは、

- **注意すると反射的に言い訳する**
- **上司の指示を聞き流す**
- **報連相をしたがらない**
- **無断欠勤などの勤怠不良がある**

など、あからさまに反抗するわけではないのですが、なんとなく上司への敬意が感じられない人が多いように見受けられます。

上司は部下の管理が仕事のひとつなので、上司の言うことに耳を傾けようとしない部下や上下関係を軽んじる部下は、上司にとっては仕事をやりづらい存在です。

昇進には、上司の部下への信頼が反映されやすく、実績に大差がなければ上司が信頼している人が上に行きます。

そして、信頼の貯金は、減点の幅は大きく、加点は少しずつしかされませんので、日ごろから上司の立場というものを尊重して接していくことが大切なのです。

なお、客観的に見て「どうしてあの人が？」という人が、上司に気に入られて昇進する場合があることを否定はしません。

しかし、私が見ている限りでは、そういう人はよほど周りに気を遣って仕事を頑張らないとあとが大変です。

周囲は最初からその人を「たいしたことないゴマすり人間」と見ていますから、上の立場でありながら、孤立して仕事が思うように進まないこともあります。

なかには、人事異動で上司が変わったとたんに冷遇される人もいます。

どのような形で上に行くにしても、周りに認められていることが、長期に渡って活躍していくためには不可欠だと思います。

第4章

規律を乱さない意見の通し方

1

周到な根回しで、素早く同意を得る

多人数の時間を無駄にしないための配慮

上に行くためには、「根回し」を押さえておくことが大事です。

なぜなら、組織で自分の主張や提案などを最後までやり抜くためには、関係者の賛同をとりつけなければならないからです。

それによって、「プロジェクトを成功に導く人材」「結果を出す人材」という業績面での評価と、「困難な課題を解決する高い能力をもった人材」「最後までやり抜くあきらめない人材」という能力や人物面での評価を得ることにつながります。

必要な協力を得られずに途中で時間切れになったり、目標に対してまったく届かないまま終わってしまうようでは、上に行く人にはなれないのです。

では、根回しとはなんでしょうか。

本来会議で話し合って決めるような案件について、事前に一人ひとりの関係者に話して回って同意をとりつけておき、会議を審議ではなく確認の場にしてしまうことです。

いわば、出来レースを意図的につくり出すことです。

実際、案件が大きければ大きいほど、賛同を得ないといけない人や、影響力のあるキーマンの数は増えるものです。

そんな多くの人に対して、いきなり会議の場でプロジェクトの提案しても、さまざまな検討項目や反対意見などが出てきて、時間内で結論を出すことは難しくなります。

その会議が月に1度しか行われない場合、もち帰りになったら次の会議まで何も進まなくなりますし、つき合わされる人たちも無駄な時間を使わされてしまいます。

その点、一対一での交渉なら、お互いの都合のよいときに話ができます。

根回しとは、非効率をなくし、仕事をスピードアップするために必要不可欠なものなのです。

決裁者が納得して賛同できる工夫をする

スピードアップ以外にも、根回しの利点はあります。

・決裁者に検討する時間を与えることができる

提案したのがあなたでも、責任を負うのは決裁者です。話を聞いた時点であらかた答えは出ていても、時間をかけて慎重に検討したいと考えるのは当然です。会議の場で初めて聞いた話をその場で決裁するというのは、難しいことなのです。

・一対一の交渉なので、決裁者の気がかりな部分に焦点を当てて話ができる

この一対一の交渉の段階で問題点を指摘してもらえれば、その人の気になっている部分だけ説得してクリアしていけばいいので、無駄に話が拡散しなくて済みます。

これが、会議の場でいきなり問題を指摘されると大変です。

すぐに回答を用意できないのはもちろんのこと、本来、Aさんだけが気になっている

なぜ根回しが必要なのか？

①会議を１回で終わらせる

→会議の場でイチから話し合いを始めたら、到底時間内に結論は出ない。何を目的とする会議なのか、事前に決裁者に話して回っておけば、会議の場では結論を出すだけ

②決裁者に考える時間を与える

→提案したのが誰でも、責任をとるのは決裁者。その場で結論を出すのは難しいので、時間をかけて検討してもらう余裕をつくる

③一対一の話し合いで問題点をつぶせる

→会議の前に問題点を指摘してもらえれば、事前に解決して、提案の精度を高められる。会議の場で指摘されると回答もしづらいし、リスクが過大評価される恐れも

【注意点】

根回しは、必ず全員の決裁者に対して行う。

「自分だけが聞いていない」という人がいると、通る提案も通りづらくなってしまう

事前に関係者に話を通しておけば、会議を審議でなく確認の場にできる

問題をみんなが気にしだして、ちょっとしたリスクが過大に評価されてしまうこともあるからです。

ろくに検討されないまま反対ムードが強くなると、せっかくの提案が通りづらくなる危険性があります。

注意が必要なのは、**根回しは、どんな場合であっても、決裁者全員に対して行うようにすること**です。「自分だけが聞いていない」という人がいると、機嫌を損ねてしまいます。

決裁権をもつ上層部の人間はプライドも高いものです。

提案自体がどんなに正当でも、提案者自身が嫌われていたら「時期尚早」の一言で簡単に却下され得るのです。

組織が大きくなるほど、あなたと決裁者との距離は遠いわけですから、いったん無用な誤解を生むと挽回は難しくなってしまうことを、肝に銘じましょう。

また、根回しは、よくない相談に使われることもあります。

たとえば、「今回の○○コンテストなんだけど、うちの部のB君でよろしく」というようなことです。

こうした公平性を欠いた根回しは、社内で慣習化しているものでない限り、毛嫌いする人も多いのでお勧めできません。

温かい目で見られる数少ないケースは、定年退職する部長が「私の後任には○○君を」というふうに、自分の信頼する部下を推薦して内諾を得る場合くらいでしょう。

会議にかけると、候補者が何人も浮上してきて政治が始まるので、先手を打つわけです。いいか悪いかは別にして、比較的すんなり決まることが多いようです。

上に行く人の「会議のやり方」とは？

事前の準備でほぼ勝負を決めてしまう

会議は通常、数名〜数十名で行われます（大企業になれば100名を超える会議もあります）。お互いの顔が見えるような規模の会議は、そこに出席している人を見れば、上に行く人のやり方がわかります。

【準備】

1回で結論を出すつもりで臨むので、事前準備が周到です（根回しもその一環です）。自身が主催しない会議でも、関係資料には事前に目を通し、必要な情報収集をしたうえで持参します。必要な資料を必要なタイミングで出すことができるため、「では次回までに各自情報収集を」というような終わり方になりません。

【資料】

会議資料の情報に過不足がなく、あとで読み返したときにもわかりやすいように配慮しています。情報量が多く、重要な情報とそうでない情報が並立・混在しているような資料は、目を通すだけでも時間がかかりますし、かえって意思決定を混乱させてしまいます。

【集合】

開始時間の5分、10分前に来て、普段顔を合わせない他部門のメンバーや社外の人たちと雑談がてら情報交換をしています。そのわずかな時間で会議案件とは別の案件に対して議論し、結論まで出してしまう人もいます。

せっかく人が集まる場なので、有効活用しようとする姿勢が見られます。

【始め方】

会議の最初に目的を明確にし、全体の時間配分や進め方などを確認しておきます。事前にそのような話をしておかないと、時間内に結論が出づらいからです。

会議の主催者が何も言わない場合にも、自分から確認の提案をします。

【発言】

会議で一言も発言しない人は論外です。他のメンバーに対して何の影響力も発揮できていないのですから、いなくてもよいくらいです。

また、評論家的で批判が上手なだけの人も、まれに重要な指摘をすることがあるにしても、全体としては足を引っ張る人という印象が強くなります。

上に行く人は、議論を客観視して、脱線したら軌道修正し、論点を広げたり集約したりしながら結論を導こうとします。「議論を前に進めるための発言」を基本とします。

いかがでしょうか。

一度、自分の会議を振り返ってみると、改善点が見つかるかもしれません。

２ 板挟みになったときの３つの対処法

「調整能力」を身につけよう

あらゆる仕事は人と人との関係で成り立っています。

そこで求められるのが、部署間や担当者間、お客様との間での調整能力です。

とくに板挟みになりやすい職務の人にとって、これは上に行けるかどうかのひとつの試金石と言えると思います。

自分の都合ばかりで話し合いができない人や、言われたことを伝えるだけで融通がきかない人が上に行くと、現場では不満が出たり仕事が止まってしまうからです。

そんな難しい話ではなくとも、調整がうまい人は、単純に周りからの信頼が厚くなります。

おそらく、一般的にもっとも板挟みになりやすいのは、営業職の人だと思います。お客様、出荷工場、企画部、経理部、広報部……、あらゆる職種の人との調整が必要な職種だからです。

社内でもめるとき、そこに営業職の人がかかわっていることが比較的多いと思いますが、調整する機会が多いうえに、スピードが求められるので必然とも言えるでしょう。

人事の仕事の例で言えば、たとえば法律や事業環境が変わって、社員の処遇を下方に変更しなければならないときなどは大変気を遣います。

専門家と議論をしてできる限り関係者の納得感の高い案をつくる努力はしますが、実行に移そうにも、経営層と社員、労働組合との合意がそう簡単にはとれません。

法律を守りつつ効率よく最大の利益を得たい経営層と、やりがいと成長、それに思い切った投資を望む社員、従業員の雇用の確保や処遇の充実などを求める労働組合の間で板挟みになることは、人事や賃金管理の仕事をしていれば避けられないものです。

最善策は「あるべき姿」を追求すること

では、実際に板挟みになったとき、どうすればよいのか。ここでは、基本的な対処法を3つほど紹介しておきます。

仕事の内容や環境などによって使い分けたり、応用していくとよいでしょう。

①決裁者や関係者のなかで、もっとも上役の意見を優先する方法

最終的に決裁する人が納得しなければ仕事は進みませんので、非常に合理的ですし、仕事がもっとも楽に進みます。

しかし、この方法には落とし穴もあります。

上の立場の人が「彼はいつも俺の言うことを尊重してくれる」と好意的に受けとってくれるのはよいのですが、決裁者に専門知識がなかったり、こちらの提案の本質が伝わっていなかったりすると、結果的に判断を誤るリスクが多分にあります。

責任が決裁者にあるのはもちろんですが、担当者の評価も下がることは避けられませ

ん。イエスマンタイプの人が、墓穴を掘ってしまうパターンです。

上の立場の人を優先するという方針はもちろんあっていいですが、判断を丸投げするのではなく、自分なりの考えももっておくことが必要です。

②お互いにゆずれる範囲をそれぞれ想定し、その範囲が重なった部分で双方の中間点、いわゆる妥協点を見つけて落着させる方法

価格交渉などは、このケースが多いと思われます。

車の購入がわかりやすい例で、売る側は値引き前提で定価を提示し、それに対して買う側も（実際は250万円の予算を用意していても）「220万しかないので……」という具合に話を進めていきます。

このやり方は、どちらかが一方的に負けた、損した、というモヤモヤが少ないのがよいところですが、実際に使う場面では「中間」という概念を取り入れることが適しているのかに関して、慎重になる必要があります。

無理に妥協点を探ると、肝心の問題が解決できなかったり、お互いが不幸になるケースもあるからです。

板挟みになったときの３つの考え方

**①決裁者や関係者の中で
もっとも上役の意見を優先する**

【よい点】もっとも合理的で仕事が早く進む

【リスク】その人が判断を誤っていることがある

**②お互いに譲れる範囲をそれぞれ想定し、
その範囲が重なった部分で妥協点を
見つけて落着させる**

【よい点】勝ち負けがないためモヤモヤが少ない

【リスク】結果的に問題が解決しないことがある

③あるべき姿を追求する → **もっとも
納得感が高い！**

①と②は、時間がないときの最終手段にして、
なるべく③の方法を選ぶと評価が高くなる

**基本は③の方法が望ましいが、
状況に応じて使い分けていこう**

たとえば、「1万円の○○手当については、××のため廃止します」という案があるときに、「ゼロはやりすぎだから5千円にしよう」という結論になったとしましょう。

こうすれば一見、会社と社員がお互いにゆずり合う形に見えますが、そもそも「なぜ○○手当を廃止」しようとしたのか、理由が置き去りにされてしまいます。

理由が事業環境が厳しく過度な手当だからというのなら、事業改善につながらず、従業員の雇用に影響しないとも限りません。また理由が従業員間の不公平感の改善であれば、不公平感は残されたままとなります。

このように、根本的に中間点をとるべきでないものについては、経過措置を設けて、期間限定で5千円にするなど段階的に引き下げ、最終的にゼロにするといった方法がよく使われます。

③あるべき姿を追求する方法

自分から判断するための基準を打ち出し、関係者に再検討をお願いするやり方です。

判断に必要な基準は、「利益」「費用」「難易度」「顧客満足」「倫理観」など、案件ごとに異なりますしひとつとは限りません。

その見極めがまずは必要ですし、場合によっては根拠も提示する必要があります。

そのうえで意見を聞いていくと、関係者のものの見方に幅が生まれて思い込みが薄れるので、全体最適の視点でものごとを話し合ってくれるようになります。

考えるための基準があることで、判断の精度が高くなるのです。


ほとんどの場合、③の方法がもっとも論理的で納得感が高いです。

通常は、他の2つの方法は最終手段として確保しておき、③のやり方を選ぶほうが周りの評価は上がります。

ただし、①の方法や②の方法が手早いのはたしかなので、どの手段をとるかは、かけられる時間や相手との兼ね合いで決めるといいでしょう。③の方法をとった結果が、他の2つの方法で決めた場合と同じ結果になることも、もちろんあります。

これを、意思決定の会議などの前に行えば「根回し」ということになります。

事前に関係者を説得し、会議の前には結論は出ている、というのが上に行く人の仕事の進め方です。

根回しができるということも、結果的には高い評価へとつながっていくのです。

3 しこりを残さない議論のやり方

冷静に、論理的に、フェアに行うこと

言われたことを言われた通りにやるだけ、マニュアルに従うだけ、自分で考えることを制限されている……という状態では、なかなか存在感を発揮できません。

上に行くためには、自分で考え、それを誰かに伝え、是非を判断したりする必要も出てきます。そこには「議論」の場というのが出てきます。

議論とは、2人以上のメンバーが互いの意見を交わし、その是非の決定やよりよい解を導き出すための場です。

互いが協力的に議論できればよいのですが、そうではないケースも当然あります。

ときには、こちらの意見を強く押し通さなければならない場面や説得しなければならない場面もあるでしょう。勝ち負けがあるような厳しい折衝もなくはありません。

そのようなときに明暗を分けるのが、議論のときの振る舞いです。


議論で自分の考えが採用されれば、その考え自体は一目置かれるかもしれません。でも、自分自身がどう思われるかは別問題です。

それが押しつけや強制した結果ということであれば、反発も生みます。

一時的に協力を得にくくなるくらいならいいのですが、今後ずっとしこりを残すようなことになっては問題です。

では、どのようなことに気をつければいいのでしょうか。

・攻撃的な発言にならないこと
どのような結果であれ、後味の悪い終わり方は、避けたいものです。

「そう言って、あなたはいつも○○ですよね」のように、相手を傷つけたり否定するような表現は控えるべきです。

・脱線しないように要所要所で確認すること

とくに難しい議論は話があちこちに飛んで前に進みづらいので、注意が必要です。なるべく全体を俯瞰し、「要するにどうだ」という視点で、ときどきお互いに確認していくとよいでしょう。

・話をすり替えて、自分の都合に合わせようとしないこと

都合が悪くなると、話をそらしたり、すり替えようとする人がいます。

相手のほうが筋が通っているときには素直に認めないと、自分の能力が疑われます。

・物事を混同しないこと

「主観」と「客観」、「事実」と「想像」、「理想」と「現実」……。こういったことを混同しないように整理が必要です。

現実的に起きていることなのか、起きるかもしれないことなのか、可能性はどれくらいあるのかによって、判断も変わってきます。実現性のない話をしても仕方ないので、現実的かどうかといった観点も必要です。

自分と相手の知識レベルの差を活かす

また、小手先のテクニックではありますが、相手が自分ほど詳しくない事案であれば、複数の案を用意して、「相手に選んでもらう」というプロセスを経ることで、同意を得やすくなります。

あるいは、複数の案を用意したうえで相手の意向を確認し、さらに最適案を提示すると、相手は自分の意向を汲んでくれたと感じるのでスムーズにいきやすくなります。

逆に、相手のほうが自分より詳しい場合は、方法は2つです。

ひとつは、自分でとことん調べて、相手の納得できるレベルの案に仕上げることです。

それなりに時間はかかりますが、自身のスキルアップにもつながるので、時間的余裕があれば、できる限り新しいことを学習することをお勧めします。

私も以前はよく、労働基準監督署や税務署、顧問弁護士や社労士といった専門家に意見を求めたり、教えてもらったりしながら提案を行いました。

その都度吸収してきた知識が、今でも役に立っています。

もうひとつは、最初から相手に意見を求めることを前提に案をつくることです。

これは手っ取り早く効率的ですが、自身の学びが少ないのと、相手から高い評価を得にくいという欠点があります。

4

納得いかないことも
いったん受け入れる

まず相手の言うことを立てる

仕事ですから、自分のやりたいことや提案などが必ずしも周囲の賛同を得られないこともあります。厳しい評価や指摘、ときには理不尽な攻撃を受けたり、苦言を呈されたりすることもあるでしょう。

そのとき、どのような態度や姿勢で聞き、どのように感じ、どうしようと考えるのか？

提案自体は却下されても、その対応次第で自分自身の評価を下げずに済んだり、逆に好意的に受けとってくれたりすることもあります。

上に行く人は、指摘の受け方も心得ています。

こういうときにもっとも評価を下げるのは、感情的になって攻撃的な言葉を返してしまう人です。

カッとなって「いや、それはですね……」「そんなことはありません！」などムキになると、そういう態度に対して指摘を受けることになってしまいます。

このような人は、言いたいことをとっさに言葉にできなかったり、想定外のことへの対応が下手で、威圧的に相手をコントロールしようとします。

いわば、自分の能力不足や経験不足がそのまま出ているわけです。

上に行く人は、まず「なるほど」とうなずき、真摯に指摘を受け入れます。

そのうえで、**「つまり問題は○○ということでしょうか？」**などと問題点を確認したり、**「○○については問題ないでしょうか？」と肯定されている部分を確認する**ことで、自身の提案内容の改善点を明確にします。

場合によっては「その点に関しては、○○することで対応が可能です」というように改善案を提示して理解を得ることもあります。

たとえ自分が正しいと確信している場合でも、いったん相手の言うことを受け入れることで、こちらの意見に耳を傾けてもらいやすくなるのです。

あまりに齟齬《そご》があるときは、目的の再確認を

提案に反対されたり手痛い指摘をされたときに心がけたいのは、うろたえずに堂々としていることです。

問題に集中して、真剣に対策を練る姿勢を見せるほうが評価されます。

ただし、あまりにも多く厳しい指摘を受ける場合は、そもそも根本が間違っている可能性がありますので、目的を再確認します。

「今回の提案の目的は○○ということで、ここについては問題ないでしょうか?」
「私の問題意識は○○ですが、現状の経営課題と一致しているでしょうか?」
「私の提案とお客様のニーズには大きなズレがあるでしょうか?」

そうすることで、少なくとも方向性を誤ることはなくなりますので、改善案も立てやすくなります。前向きな姿勢を崩さないことで、次の提案に対しての期待もふくらませてもらえるでしょう。

何か言われるたびに顔色を変えていては、まだまだ未熟と思われてしまいます。

上に行く人は、すぐに感情的にならず、落ち着いたコミュニケーションがとれるものです。それによって周りの人から「安心できる」「包容力がある」と好意的に受け入れてもらうことができます。

また、冷静でいられるので、相手の表面的な言葉だけでなく、その背後にある相手の意図や気持ちを汲むことができるのです。

5 直属の上司があまり有能でない場合どうするか？

部下を悩ませる上司と上手くやっていく方策

あなたの上司は、どんな上司でしょうか？
社内で評価の高い上司でしょうか？
次の部長候補、役員候補でしょうか？
それとも、社内で煙たがられているような存在でしょうか？

前者のようなすばらしい上司の部下になったら、それはとてもラッキーです。上司に積極的に教えを乞い、多くのことを学んで自分を成長させていきましょう。

一方、後者のような上司の部下になったら、これほど不幸なことはありません。

しかし、部下は上司を選べませんから、そのなかで上手くやっていく方策を見出していかなくてはなりません。

私の経験上、部下が不満を抱きやすい上司は、次の3つのタイプが多いと思います。

このような上司に当たってしまったときは参考にしてみてください。

・判断を避ける上司

部下に明確な指示を出せない上司は、自分の判断ミスによって責任をとらされるのを恐れている場合が多いです。

基本的に「決める」という行為をしたがりません。

部下が何かの提案をもちかけても、よいともダメとも言わず、GOサインを出すのを渋るので、どうしたら上司が受け入れやすくなるのか考える必要があります。

このタイプの上司はマニュアルや前例を踏襲することで多少は安心するので、過去に実績のある提案の資料などを見せながら説得するのがひとつの手です。新しいことをやるときはなかなか難しいですが、できるだけ根拠を厚めに提示しましょう。

問題視されそうな部分については、「〇〇さんに確認しているので問題ありません」というように、事前に社内で実績のある人や専門知識のある人などに確認して権威づけしておくと、了解が得られやすくなります。

それでものらりくらりとかわされる場合は、期限を決めて決断を促しましょう。

・古い考えに固執する上司

部下の仕事の重荷になりやすいのが、過去の成功体験を信じて進化できないままの上司や、過去の失敗体験を環境が変わっても先入観として残している上司です。

自分の考えに固執しがちで、部下が新しいやり方や考え方を打ち出しても、基本的に拒否姿勢を示します。

このような上司のもとで新しいやり方を推進するには、自分に賛成してくれるメンバーを仲間にして、数の論理で納得させるのがよいと思います。または他社の事例などを研究して、上司の考え以外にもやり方があることを示していくことです。

もちろん、上司の過去の経験から学ぶことは多いので、上司と自分でどちらの考えや知見が優れているかは、常に一定ではありません。

自分のほうも「上司の考えは古い」という先入観にとらわれることなく、フラットな視点で判断することを心がけましょう。

・管理能力が足りない上司

繁忙期でもないのに、時間にルーズだったり、うっかり何かを忘れていたりということが多い上司には、部下の管理は少し荷が重い可能性があります。

このような上司の部下になってしまったら、上司に頼るのではなく、自分が秘書代わりになって上司を支えるくらいでないと仕事に支障をきたしかねません。

同席をお願いしなければならない会議や、納期の決まっている仕事は、それとなく自分が上司のスケジュールをコントロールしていくことになります。

大変ですが、上司が一人前の管理職として成長するまで、自分が仕事の全体像を把握し、管理職代行のつもりで仕事にあたるしかありません。

とはいえ、管理能力が足りなくても、ほかの面で秀でている上司もいますので、そういうところをうまく学んでいくとよいと思います。

有能ではない上司の扱い方

◎判断を避ける上司

【特徴】責任をとらされたくない

【対策】・前例やマニュアルがあることを強調する
・問題になりそうなところは社内の詳しい人に相談して解決しておく

◎古い考えに固執する上司

【特徴】過去の成功体験や失敗から逃れられない

【対策】・自分に賛成してくれる人を多数集める
・他社の事例などを示して、上司の考えがすべてではないことを示していく

◎管理能力が足りない上司

【特徴】「時間に遅れる」「忘れっぽい」などだらしない

【対策】・自分がそれとなく上司の管理をする

上司を選ぶことはできない。
腐らずに、上手くやる工夫をしよう

当たり前ですが、上司も完璧ではありません。

ほかにも、人脈のない上司や、ＩＴに極端に弱い上司など、さまざまなタイプの困った上司に出会うこともあるかもしれません。

とても残念ですが、部下の力だけではそこから簡単には脱却できないのが現実です。

それでも腐らず**「自分の力で何とかしてやろう」**という意気込みで努力をすれば、確実に力がつきますし、見ている人は見ているものです。

6

相手への敬意は「準備」にあらわれる

予備知識の有無で会話の内容に差が出てしまう

仕事では何らかの目的をもって人と会うことが大半です。

とくに社外の方に会う場合、用件も挨拶程度のものから、高度な交渉であったりとさまざまです。

しかし、上に行く人はどんなときでも共通に行っていることがあります。

それは、**相手への敬意を形にする**ことです。

まず、大事なのは相手先をざっくり知ることです。

上に行く人は、相手のために、自分が何で役に立てるのかということを考えます。

成果につながるような提案ができなくても、せっかく会うのだから少しでも有意義な話ができたほうが、相手の印象に残ります。

手軽なところでは、訪問先のホームページを確認し、業種や仕事の内容、会社のプロフィールを確認したり、上場会社ならＩＲ情報なども把握します。

社長が有名人なら、過去の新聞や雑誌の記事などもよい材料になります。

それによって、「御社は全国に拠点が20か所、従業員も３００人を超える組織ですので、弊社のシステムを導入することで○○というメリットがあります。これは○○社長の方針にも沿うものですので……」というふうに、相手が興味をもってくれそうな話ができるのです。

行き当たりばったりで「御社の従業員は何名でいらっしゃいますか？」などと確認しているレベルでは、会話がまともに成立しない可能性もあります。

「あっ、この人ずいぶん当社のことを勉強されているな」と思われるか、そうでないかで印象も結果もまったく変わります。

身だしなみひとつで説得力が変わる

また、普段の交友関係や仕事のつき合いに加え、それなりの役職者ともつき合えるように準備しておかなくてはなりません。

そのため、普段から失礼のないよう身だしなみには気を配っています。

じつは、**身だしなみというのは、その人がどういう人かを反映しやすい**ものです。

普段はだらしない格好だけど、ここぞというときはビシッと決めるという人は、なかなかいません。そして、見た目がだらしない人は、仕事もだらしないことが多いです。

一方、普段からきちんとしている人は、自然と仕事に合ったセンスが身についていきます。それはお客様や上司、一緒に働く人たちからの評価にも影響します。

身だしなみを整えるということは、仕事で関わる人たちへの敬意でもあるのですから、よい印象をもたれるのです。

現状で身だしなみに自信がない人は、奇抜なものを身につけるのは避けたほうが無難です。個性的なものはマイナスの印象になる場合もありますが、ベーシックなものでマイナスになることはありません。

特別高価なブランド品である必要はありませんが、いかにも安物というのは、実際に身につけたときに見た目がよくないので、お勧めはできません。

上に行く人は、年齢や職位に応じて、それなりのものを身に着けているものです。**よい提案をしても、提案者自身の印象がよくないと、割り引いて評価されることもあるので注意が必要です。**

次のような服は実際に身につけると、その人のだらしなさや世間知らずぶりを露呈してしまいます。

・タバコや汗などのにおいが染みついているもの
・しわがついていたり、ヨレヨレなもの
・自分に似合っていないサイズ感、形状のもの

身につけるもの以外では、とくに気をつけたいのが爪です。ついつい無頓着になりが

ちですが、手入れがされていない爪は意外に目につくものです。

女性の場合は、派手なネイルなどはＴＰＯに合わせてほどほどにしておくほうが無難です。私がこれまで見てきた女性管理職の方々の多くは、シンプルで控えめな方が多いです。

人と会う機会に、相手を知ることと、自分を認めてもらうことは、ビジネスにおいての土台なのです。

太っていると評価されないって本当?

健康状態はあまり関係ないが、うつ病には注意!

昇進に、心身の健康がどれくらい関係があるかというのを考えたことがある人もいるでしょう。

「欧米では太っていると出世しない」などという、本当かウソかわからない話をよく聞きますが、私が見ている限り日本ではそういうことはないと思います。

私は企業のセミナーなどにもときどき呼んでいただくのですが、どこの会社にも、いろいろな体型の管理職の方が見受けられます。

また、健康診断がA判定とE判定で出世に差がつくかというと、これもないです。

COLUMN

健康診断の結果は個人情報なので、オープンになりません。つまり、会社が個々の社員の情報を知ることはできないのです。

とはいえ、明らかに持病があって仕事に支障が出ていれば、成果にも影響します。病気だからではなく、「成果が上がらないから」昇進できないということはもちろんあります。

基本、体型だとか不摂生で昇進できないことはないですが、将来を考えれば不健康な生活は早く改めたほうがいいでしょう。

ただし、うつ病にかかってしまうと、上に行くのはなかなか厳しくなるというのは実態としてあります。

再発リスクも高く、管理職になればプレッシャーもあるので、「本人のためにならないだろう」と判断が慎重になるのです（悪化した場合に会社が責任を問われるリスクもあります）。

忙しいからうつ病になるとは限りませんが、仕事を効率化して残業をなるべくしないようにするなど、うつ病の予防に心がけることはとても大事だと思います。

おわりに

さて、少し気が早いかもしれませんが、近い将来、あなたが上に行き、管理職という立場になったときのお話を少ししたいと思います。

私は長年人事という立場で多くの管理職を見てきましたが、期待されて昇進したはずの人でも、やはりそのなかで評価の高い管理職とそうではない管理職に分かれてきます。

その違いは「意識の問題」「マネジメント力の問題」の2点に大別されます。

後者は本書でも何度か触れましたが、地道に伸ばしていくしかありません。

ここでは「意識の問題」についてとりあげたいと思います。

意識の問題とは、課長になることを目指して頑張ってきたものの、そこをゴールと考えてしまう人が結構いるということです。

「部長になるのはさすがに難しいから、今のポジションで満足しよう」「残業しても手当も出ないし、仕事は終わらないけど早く帰ろう」「そこそこ給料ももらえて生活にも困らないし、頑張ってもしかたない」……。

このように課長になったことで情熱が燃え尽きてしまうような人が昇進すると、組織の弱体化を招き、その部下となった人まで不幸になっていきます。

たしかに、部長やそのさらに上の役員になるのは、課長になる以上に難しく狭き門です。しかし、課長になった途端にやる気をなくしては、あなたを推薦した上司のメンツも立ちません。

それに、管理職になるということは、部下を優秀なプレーヤーとして育て、組織に貢献させる責任があります。自分は課長になったことだし、下の人たちのことはどうでもいいというわけにはいかないのです。

課長になることはゴールではなく新たな出発点です。自分のことのみならず、会社のこと、部下のことを考えて仕事にとり組むことが期待されています。

組織のなかで管理職として、どのように自分を活かし、力を発揮していくのか。

それを考えて仕事をしていくことが、自然とさらに上のポジションへ自分を押し上げていくことになるのです。

〈著者紹介〉

中尾ゆうすけ（なかお・ゆうすけ）

大阪で生まれ、現在は東京都在住。

コンピューター関連の技術・製造現場で、モノづくりのプロセス設計と現場指導、品質管理・原価管理等を通じ、仕事の効率化や人材育成の基本を学ぶ。

その後一部上場企業の人事部門にて、人材開発、人材採用、各種制度設計などを手がけ、人材を中心とした組織力の向上、現場力の向上ノウハウを独自に構築。

研修やセミナーなどでは、理論や理屈だけではない現場目線の実態に即した指導・育成は「成果につながる」と、受講者やその上司からの信頼も厚い。

2003年より日本メンタルヘルス協会・衛藤信之氏に師事し、公認カウンセラーとなる。

その他、執筆・講演活動など、幅広く活躍中。

主な著書に『入社１年目から差がついていた！頭がいい人の仕事は何が違うのか？』（すばる舎）、『これだけ！OJT』（すばる舎リンケージ）、『部下が絶対、目標達成する「任せ方」』（PHP研究所）などがあり、人事専門誌等への寄稿、連載記事の執筆実績も豊富。


上に行く人が早くから徹底している仕事の習慣

2016年9月28日　第1刷発行
2016年10月21日　第2刷発行

著　者――中尾ゆうすけ
発行者――徳留慶太郎
発行所――株式会社すばる舎
東京都豊島区東池袋3-9-7 東池袋織本ビル　〒170-0013
TEL　03-3981-8651（代表）　03-3981-0767（営業部）
振替　00140-7-116563
http://www.subarusya.jp/
印　刷――図書印刷株式会社

落丁・乱丁本はお取り替えいたします

ISBN978-4-7991-0561-0